www.dualseele.co.at
1. Auflage 2017

VORWORT

Wenn Du dieses Buch in Händen hältst, oder auf Deinem kindle geladen hast, dann weisst Du bereits etwas mit dem Begriff „Dualseele" anzufangen. Sonst hätte Dich dieses Wort wohl kaum angesprochen.

Gratuliere! Das bedeutet, dass auch Du eine/r der Glücklichen bist, die diese verrückte, weltverändernde und doch auch sehr schmerzhafte Reise antreten darf.

Mit diesem Buch möchten wir Dir unsere Erfahrungen weitergeben, sowohl unsere persönlichen, wie auch die Erfahrung mit mittlerweile zahlreichen KlientInnen, die wir auf diesem Weg begleiten durften. Wir haben selbst jahrelang fast jedes Buch zum Thema Dualseelenklärung gelesen und stundenlang im Internet recherchiert, um endlich Antworten auf die Frage: "Wie schaffe ich es, mit meinem Dual eine glückliche Beziehung zu führen?" zu bekommen. Es waren viele Puzzlesteine, die wir zusammensuchen mussten. Gemeinsam mit unseren eigenen Erfahrung gelang es uns schließlich, das Bild fertig zusammen zu setzen, das es uns ermöglichte, den Prozes der Dualseelenklärung wirklich zu verstehen und dadurch zu wachsen, hin zu eigenverantwortlichen Menschen, die sich selbst lieben und ihr eigenes Wohl an erste Stelle setzen.

Jede Dualseelenerfahrung ist sehr persönlich, doch führt letztendlich immer zu der Erkenntnis, dass der Schlüssel zur Lösung in Dir selbst liegt. Der Erfahrungsaustausch mit "LeidensgenossInnen" gibt Orientierung in schweren Zeiten und nimmt das Gefühl, mit all den Schmerzen und der Verzweiflung völlig allein zu sein. Denn, um den Gefühlszustand einer Person während der Dualseelenklärung verstehen zu können, muss man selbst einen Menschen auf diese Art geliebt haben, diese verzehrende, alles in den Schatten stellende Zuneigung empfunden haben. Viele Freunde und Bekannte aus Deinem Umfeld, die in einer "normalen" Beziehung leben, können mit den übermäßigen Gefühlen und der Veränderung nicht viel anfangen und wenden sich manchmal sogar komplett von Dir ab, weil sie nicht verstehen, was Du im Zuge Deines Dualseelenprozesses durchmachst. Lass sie gehen. Du wirst Dich im Laufe der Dualseelenklärung verändern. Vielleicht kommen sie wieder. Eines ist jedoch gewiss. Am Ende des Prozesses werden die für Dich richtigen Menschen an Deiner Seite sein.

Es ist ein harter Weg bis zur Vereinigung von Ying und Yan.

Da wir den Schmerz und die Veränderung selbst erlebt haben, die schlaflosen Nächte, die endlosen Sehnsuchtsattacken, das Gefühl verrückt zu werden, die vielen Zeichen im Außen, die Annäherungen und die

Rückzüge, das Hochkommen aller vergrabener Themen und Ängste im Inneren und uns erst langsam den Weg durch den Lernaufgaben-Marathon erarbeiten mussten, haben wir dieses Buch geschrieben, um Menschen, die erst am Anfang ihres Weges stehen, den Weg zu erleichtern.

Unser Buch soll Mut machen und helfen, einen roten Faden in der Geschichte zu sehen, der fast immer gleich ist, auch wenn die Umstände und Rahmenbedingungen in jeder Verbindung unterschiedlich sind. In unseren Beratungen sehen wir heute relativ schnell, wo die Betroffenen stehen und was für Aufgaben noch vor ihnen liegen. Wir wollen die Bildgeber für Dich sein, Dir das große Ganze wieder zurechtrücken und Dir helfen wieder in Deine Kraft zu finden.

Im vorliegenden Werk präsentieren wir unsere eigene Strategie, wie wir und viele unserer KlientInnen durch die anfängliche Dualseelenhölle zu einer Balance von Yin und Yang, Herz und Kopf, gelangt sind.

Das Buch ist in 11 Kapitel aufgeteilt und wir empfehlen Dir, es wirklich als Arbeitsbuch zu verwenden. Widme jedem Kapitel eine Woche Deiner Zeit. Verinnerliche das Thema und beschäftige Dich konsequent mit den angeführten Übungen.

Am Anfang jedes Kapiels geht es im theoretischen Teil darum, was hinter den einzelnen Aufgaben steckt. Zusammenhänge und Erklärungen, die helfen sollen, Dir ein klares Bild zu geben, Dein Bewusstsein zu schärfen, wo genau Deine Aufgaben liegen. So hilft Dir jedes einzelne Kapitel, typische Dualseelen-Fallen zu vermeiden. Im zweiten Teil jedes Kapitels findest Du Übungen, Tools und Techniken - einen Werkzeugkasten, der Dich dabei unterstützt, jede Situation in Deiner Dualseelenklärung in Zukunft leichter zu bewältigen und Dich (wenn Du sie konsequent durchführst), wirklich große Schritte in Deinem Prozess voranbringen.

"Je mehr der Kontakt zu Dir selbst und Deinem Innersten hergestellt ist, umso häufiger und liebevoller entwickelt sich der Kontakt mit der Dualseele. Es ist ein langer harter Weg in die Abgründe Deiner Seele und kein Thema bleibt Dir erspart, kein Stein bleibt auf dem anderen. Aber am Ende wird es das alles wert sein. Garantiert!"

Viel Vergnügen beim Lesen!

Dualseelenliebe – Was ist das?

Es ist eine ganz spezielle Form der Seelenpartnerschaft – Deine Dualseele ist Dein perfektes Gegenstück.

Ein Mensch, der wie für Dich geschaffen scheint. Jemand, den Du Dir Dein ganzes Leben herbeigesehnt hast. Die Antwort auf alle Deiner Fragen in der Liebe. So scheint es zumindest oft zu Beginn. Bis nach kurzer Zeit klar wird, dass hier zwei Gegensätze aufeinandertreffen, die unterschiedlicher nicht sein können.

Herzmensch trifft auf Kopfmensch!

Während der eine Part der Dualseelenverbindung seine Existenzberechtigung aus der Liebe bezieht, diese einfach nur gemeinsam leben möchte und sie als seine größte Energiequelle empfindet, bemerkt der andere in dieser Verbindung sehr schnell, dass diese Liebe für ihn eine Gefahr bedeutet.

DENN: Sie löst große Angst aus. Die Angst vor der wahren, großen Liebe. Diese wird so übermächtig, dass er immer mehr mit Ablehnung und Rückzug reagiert. Ein kräftezehrendes Machtspiel ohne tatsächlichen Ausweg beginnt. Nähe und Distanz wechseln sich ab. Denn weder gelingt es die Dualseele loszulassen, noch eine zufriedene und emotional gleichwertige Beziehung zu führen.

Was ist aber nun der Sinn hinter dieser Begegnung, wenn es weder nach vor noch zurück zu gehen scheint?

Um das Dualseelenprinzip zu verstehen, müssen wir annehmen, dass es unsere größte Aufgabe im Leben ist, die bedingungslose Liebe zu erlernen und zu leben und so zur besten Version unserer Selbst zu werden. Dafür müssen wir uns aber all unseren Ängsten und negativen Prägungen stellen. Dabei hilft uns unser Dual. Er spiegelt uns oft auf brutalste Weise, was uns lernen mehr Rücksicht auf die Gefühle anderer zu nehmen, seine Schutzmauer lockern und seine Ängste überwinden, um sich dem Gegenüber anzuvertrauen. Denn beide leben ihr Leben im emotionalen Extrem. Die Aufgabe in der Dualseelenklärung liegt also darin, in die Balance zu kommen, um so mit Dir selbst im Reinen zu sein und diese einzigartige Liebe leben zu können.

Der karmische Part an einer Dualseelenverbindung sind dabei die Lernaufgaben.

Karma ist kurz gesagt, das Gesetz von Aktion und Reaktion, also eigentlich das mittlerweile überall bekannte Gesetz der Anziehung, das sich durchaus auch in der Wirkung durch mehrere Leben ziehen kann. Karma ist weder gut, noch böse. Deine Dualseele ist demnach weder Bestrafung, noch Belohnung. Sie wurde Dir geschickt um im Leben weiterzukommen. Karma möchte von uns, dass wir ungesunde, alte Muster durch neue ersetzen, Blockaden lösen und uns so, gemäß unseren Anlagen, weiterentwickeln. Sind die Lernaufgaben einer Dualseelenkonstellation gelöst, löst sich auch der leidvolle Dualseelenprozess für beide auf. Und die unendliche Liebe, die Dualseelen miteinander verbindet, wird auf unserer realen Ebene lebbar.

Das Leid ist leider ein wesentlicher Bestandteil von karmischen Verbindungen und karmischer Liebe. Dies können wir Dir nicht ersparen. Besonders wenn es um Dualseelenverbindungen geht. Bist Du Deinem Dual begegnet, bleibt in deinem Leben kein Stein auf dem anderen. Als Allererstes möchten wir Dir sagen, dass Du damit nicht allein bist. Auch wir kennen dieses Leid sehr gut. Wir wissen sehr genau, was Du durchmachst. Weil wir es selbst durchmachen mussten. Es ist aber auch ein sehr wichtiger Bestandteil karmischer Verbindungen, ohne dem eine solche gar nicht funktionieren kann.

Und wir möchten Dir erklären, warum das so ist:

Wir Menschen sind leider so gestrickt, dass – wenn denn unser Leben in ruhigen Bahnen verläuft und alles eigentlich wunderschön ist – wir uns nicht bewegen und nichts verändern. Es ist ja auch ganz logisch. Warum solltest Du, wenn Du Dich in Deinem Leben wohl fühlst, etwas verändern wollen? Wir sitzen also da und legen die

Hände in den Schoß und harren in aller Ruhe der Dinge, die da kommen mögen.

Aktiv werden wir erst, wenn uns etwas stört oder wir eben unter einer Situation leiden. Nur dann suchen wir nach einer anderen Alternative und nach einem anderen Weg. So suchen wir uns beispielsweise nur einen anderen Job, wenn wir mit der momentanen Situation am Arbeitsplatz unzufrieden sind, uns nicht genügend gewürdigt fühlen oder die Aufstiegschancen nicht gegeben sind. Ebenso suchen wir uns nur eine andere Wohnung, wenn uns die Umgebung zu laut wird, wir mehr Räume haben wollen oder die Nachbarn uns stören. Wir lösen uns nur aus einer Beziehung, wenn die Kommunikation, der Sex oder das Zusammenleben im Allgemeinen nicht mehr klappt.

Unzufriedenheit und Leid sind also ein wichtiger Motor für uns, um uns und unser Leben zu verändern. Ansonsten tun wir es nicht!

Das Karma sorgt also dafür, dass unser Leben unbequem wird, indem wir unter dieser Liebe, die wir hier bekommen haben, leiden. In allen nur möglichen Facetten. Und das, damit wir etwas verändern und anders machen können. Nur dadurch entwickeln wir uns, wachsen und haben die Chance, etwas dazuzulernen.

Der Dualseelenprozess tut weh. Er bringt Dich an Deine Grenzen. Auf der anderen Seite ist es gut sich immer wieder vor Augen zu führen, dass nicht jeder die Chance bekommt derartige Gefühle zu erleben. Schau Dich in Deinem Umfeld um. Viele Menschen leben Beziehung als eine Art Zweckgemeinschaft, die bequem ist. Große Gefühle gibt es dort nicht. Auch wir haben gehadert und wollten um alles in der Welt mit ihnen tauschen, einfach normal leben, ohne Schmerz und Sehnsucht.

Eins können wir Dir versprechen. Am Ende des Prozesses denkst Du anders darüber. Du bist froh, den Weg gegangen zu sein. So schwer Dein Leid also auch immer sein mag. Es zeigt Dir, dass Du hier eine Möglichkeit hast, Dich zu entfalten und weiter zu entwickeln. Es gibt Dir den Hinweis auf eine Chance, etwas zu lernen. Deine Seele möchte das nämlich so gerne: LERNEN. Und von dieser Seite sollten wir das Leid betrachten. Als Motor für unsere Seele, etwas zu verändern und zu lernen. Dann sieht es auch – egal wie schlimm es gerade ist – schon gar nicht mehr so düster aus.

Woran erkenne ich nun meine Dualseele?

Wahrscheinlich weißt Du selbst bereits haargenau, dass Du Deine Dualseele getroffen hast.

Trotzdem möchten wir kurz darauf eingehen. Die Seelenverwandtschaft zu einer Dualseele ist nicht das Gleiche wie die „normale“ Liebe. Seelenverwandtschaft äußert sich in einer tiefen Verbundenheit ab dem ersten

Moment der Begegnung, in einer Intensität, die Du davor noch nie verspürt hast. Du hast das Gefühl, das Gegenüber so gut wie Dich selbst zu kennen, seine Gedanken zu wissen, oft bevor er/sie sie ausspricht und Dich mit ihm eins zu fühlen. Dazu bedarf es keiner langen Begegnung, oft genügt ein kurzes Zusammentreffen und es ist um Dich geschehen.

Anzeichen, dass Du auf Deine Dualseele getroffen bist:

- Du fühlst Dich ohne ihn wie ein halber Mensch, mit ihm komplett.
- Ihr versteht Euch auch ohne Worte.
- Du verstehst was der andere braucht, was er denkt.
- Du fühlst Dich verletzlich, gleichzeitig aber auch stärker.
- Du stellst alles Bisherige in Frage.
- Es besteht ein Band zwischen Euch, das so intensiv ist, dass Du es nie zuvor gespürt hast.
- Bei diesem Menschen fühlst Du Dich als wärst Du Zuhause, als wärst Du angekommen.

Der Unterschied zwischen Dualseelen und Seelenverwandten:

Da diese beiden Begriffe bzw. die Menschen, für die man sehr intensive Gefühle empfindet oft verwechselt werden, hier eine kurze Erklärung. Die wesentlichen Unterschiede bestehen darin, dass jeder Mensch mehrere Seelenpartner haben kann. Trifft er auf einen solchen sorgt es oft für Verwirrung, da er sich ab der ersten Sekunde bei ihm wohl fühlt. Er fühlt sich wie berauscht. Es ist eine Verbindung in größter Harmonie, die sich dadurch auszeichnet, dass sich die Seelenverwandten als Einheit fühlen und das nach außen auch repräsentieren. Jeder spürt, dass hier eine besondere Beziehung besteht.

Der Unterschied zur Dualseele ist der, dass sich Seelenpartner ergänzen, sie denken ähnlich und das spiegelt sich auch in ihren Handlungen wieder. Ganz im Gegensatz zur Dualseelenverbindung.

Hier treffen zwei Pole aufeinander, zwei starke Gegensätze, die stärker nicht sein könnten. Sie ziehen sich unglaublich an, stoßen sich aber in regelmäßigen Abständen auch wieder ab. Seelenverwandte stärken einander fast ausschließlich, während Dualseelen einander stärken, aber auch verletzlicher machen. Seelenpartner gibt es mehrere, Dualseele nur eine.

Als Symbol für die Dualseele wird das Ying Yang Zeichen verwendet. Es symbolisiert die Balance zwischen dem Männlichen und dem Weiblichen, dem Dunklen und dem Hellen etc. Diese Harmonie gilt es zuerst in dir selbst zu finden, bevor Ihr beide Euch in Harmonie begegnen könnt.

Wir selbst haben in den letzten sechs Jahren furchtbare Höhen und Tiefen in unserem Dualseelenprozess erlebt. Dies hat uns dazu motiviert, unsere Erfahrungen aufzuschreiben und diese an andere Menschen weiterzugeben, die auf diesem, oft schmerzhaften, Weg alleine sind und Ihnen dadurch bestmöglich eine Hilfestellung zu geben. Jeder Prozess ist einmalig. Trotzdem gibt es Eckpfeiler die einander sehr ähneln und an denen wir ansetzen können, um es ein wenig einfacher zu gestalten. Wir können Dir den Prozess nicht abnehmen, werden Dich aber mit all unseren Erfahrungen unterstützen.

Wichtig ist es, zu verstehen, dass Du und Dein Dual eine Einheit bilden. Ihr befindet Euch gemeinsam in einer Art Energieblase, die Euch umschließt. Darin befinden sich auch alle Eure Ängste, Blockaden, Glaubensätze und alle weiteren unerwünschten Emotionen. Natürlich seid Ihr auch von den stark positiven Empfindungen umgeben.

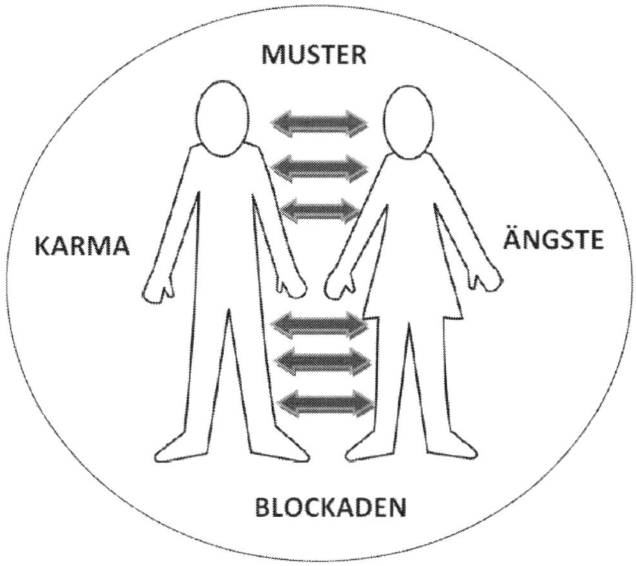

Ziel in dieser Verbindung ist es, all das Negative aufzulösen, damit ein Zusammensein möglich wird. Oft hören wir besonders Herzmenschen sagen, dass sie die ganze Arbeit im Prozess machen müssen, dass sich der Kopfmensch nicht bewegt, nicht weiterentwickelt. Natürlich sollst Du nicht die ganze Arbeit machen. Hast Du Deine Lernaufgaben erledigt, hast Du es geschafft in Deine Mitte zu kommen, Selbstliebe und Eigenverantwortung zu integrieren, ist Deine Dualseele an der Reihe. Da ihr eine Einheit bildet, kann er sich dann seinen eigenen Lernaufgaben nicht entziehen, er muss sich bewegen. Bis dahin kann es hilfreich sein, sich zu vergegenwärtigen, dass Du nicht nur für Dich, sondern auch für Euren gemeinsamen Prozess arbeitest. Jede Veränderung, die Du bei dir umsetzt, wird auch ihn verändern.

VERGISS NICHT: Die Energieblase macht Euch zu einem Team.

Was erwartet Dich in diesem Buch?

In den kommenden 11 Kapiteln werden wir Deinen Prozess in Gang bringen. Wir werden Dir alle Werkzeuge in die Hand geben, um in Deiner Dualseelenverbindung Deinen Platz zu finden.

Wir erklären Dir, wie Du an der Auflösung Deiner Ängste und Blockaden arbeiten kannst, wie Du Deine Bedürfnisse erkennst (die vermutlich lange ungesehen geblieben sind), wie Du Dich selbst glücklich machen kannst und wie Du trotz der Rückzüge Deines Duals stabil und zufrieden weiter Deinen Weg gehen kannst. All diese Veränderungen führen Dich zu Dir selbst zurück und beeinflussen Deinen Prozess positiv.

In jedem Kapiel findest Du Übungen, die Du in der jeweiligen Woche so konsequent wie möglich durchführen solltest.

Nimm Dir für jedes Kapiel und jede Übung ausreichend Zeit, um den maximalen Erfolg aus diesem Arbeitsbuch zu ziehen.

TIPP:

Benutze dieses Buch als Arbeitsbuch! Streiche Dir beim Lesen für Dich wichtige Textstellen oder Übungen an. So kannst Du sie später leichter finden und wiederholen, sowie Deine Fortschritte besser beobachten.

HINWEIS:
Wir verwenden in unserem Buch der Einfachheit halber die Perspektive der weiblichen Dualseelenklärerin und damit sprechen wir vom männlichen Dualpartner. Falls Du ein Mann sein solltest, bitte ersetze beim Lesen die angeführte Person durch Dein weibliches Dual. Ebenso wenn Du in einer gleichgeschlechtlichen Dualseelen-Beziehung bist, dreh es für Dich selbst einfach um!

Wir freuen uns, dass Du diesen, DEINEN Weg mit uns gehen möchtest. Viel Erfolg mit unserem Buch!

Alles Liebe,

Nina und Linda

Der Inhalt

KAPITEL 1 – SPIEGELGESETZE – "MEIN DUAL-MEIN SPIEGEL"

„Alles, was in meinem Leben auftaucht, ist ein Spiegel und zeigt mir mein eigenes Inneres."

Das Leben ist Dein perfekter Lehrer. Menschen, Umstände, Situationen, die starke Emotionen in Dir auslösen, bilden eine einzige gutmütige Verschwörung. Sie unterstützen Dich dabei, zu lernen und mehr und mehr Du selbst zu werden. Das Prinzip der Spiegelgesetze kann Dir helfen in Deinem Dualprozess viele blockierende Emotionen, Ängste oder Muster aufzulösen und dadurch schneller voranzukommen. Es ist nämlich alles in Dir, der Spiegel hilft Dir dabei, es wieder zu entdecken.

Vertraue darauf, dass Dir das Leben immer genau die richtige Lektion schickt. Willst Du vorankommen, führt der einzige Weg mitten durch diese Erfahrungen. Deine Mitmenschen sind alle Lernpartner und helfen Dir, Deine Traumata und Wunden zu heilen, Deine Ängste anzunehmen und im nächsten Schritt zu überwinden. Widerstände, Fluchtgedanken, Anhaftungen kannst du Stück für Stück hinter Dir lassen, wenn Du bereit bist, Dich auf Deine Lernaufgaben einzulassen und darauf vertraust, dass auch negative und neue Emotionen sich als wertvoll erweisen. Spiegelgesetze sind eine neue Sichtweise, die Dir helfen die Opferrolle zu verlassen und bewusst die Verantwortung für alles in Deinem Leben zu übernehmen.

DIE SPIEGELGESETZE (nach Aldo Berti):

Es erfordert ein bisschen Übung, die Spiegelsetze ins eigene Leben zu übertragen. Sie helfen Dir aber dabei, viele Situationen in Beziehungen klar zu bewerten und schnell aufzulösen.

Nimm Dir Zeit die 4 Spiegelgesetze in Ruhe durchzulesen und auf Dich und Deine Situation umzulegen.

1. **Alles, was Dich am Anderen stört, aufregt oder in Wut geraten lässt, hast Du in Dir und hat etwas mit Dir zu tun. Alles, was Du am anderen kritisierst oder sogar bekämpfst und verändern willst - kritisierst, bekämpfst oder unterdrückst Du in Wahrheit in Dir und hättest es gerne anders.**

2. **Alles, was der Andere an Dir kritisiert, bekämpft oder verändern will und Du Dich deswegen verletzt fühlst, betrifft Dich selbst - ist dies in Dir noch nicht erlöst. Deine gegenwärtige Persönlichkeit fühlt sich beleidigt – ein Hinweis, wie stark Du noch im Ego verhaftet bist.**

3. **Alles was der Andere an Dir kritisiert und Dir vorwirft oder bekämpft und Dich dies nicht berührt, ist sein Bild, sein eigener Charakter, seine eigenen Unzulänglichkeiten, die er auf Dich projiziert. Es ist nur sein Thema und hat mit Dir nichts zu tun.**

4. **Alles, was Dir am anderen gefällt, was Du an ihm liebst, bist Du selbst, hast Du selbst in Dir und liebst dies am Anderen- in diesen Angelegenheiten seid ihr eins.**

Du hast bestimmt schon bei Dir beobachtet, dass sich Deine Emotionen machtvoll zu Wort melden, wenn Dir ein Thema gespiegelt wird. Wer den Spiegel als solchen erkennt, bei sich und bei seinem Gegenüber, ist bereits mitten in seinem bewussten Lernprozess angekommen. Die Situation oder Person, die Dich spiegelt, erzeugt ein bestimmtes Gefühl und zwingt Dich hinsehen: auf eine Wut, eine Anhaftung, einen blinden Fleck. Es geht um ein Bewusstmachen und Erkunden dieser Bereiche in uns. Wichtig ist es, dass ein Gefühl entsteht und dieses Gefühl betrachtet wird und nicht um eine äußere Analyse der Umstände.

Ein Beispiel zum leichteren Verständnis:

Es macht Dich traurig, dass Dein Partner nicht so viel in die Beziehung investiert wie Du. Was spiegelt Dir Dein Gefühl der Traurigkeit in diesem Beispiel? Es muss nicht heißen, dass Du selbst lieblos anderen oder Deinem Partner gegenüber bist.

Stell Dir die Frage: Was fühle ich in dieser Situation?

Vielleicht hast Du früher oft die Erfahrung gemacht, dass Du bei Deinen Bezugspersonen z.B. bei deinen Eltern um Liebe kämpfen musstest und brauchst deshalb heute in der Liebe viel

Bestätigung und Sicherheit? Steht dahinter der Wunsch nach Respekt? Vielleicht erlaubt sich Dein Gegenüber mehr, seine Bedürfnisse an erste Stelle zu stellen, und einmal nicht den Wünschen der Anderen zu entsprechen. Möglicherweise ist das etwas, das Du Dir selbst nicht erlaubst. Wenn Du ihn beneidest darum, aber meinst, das darfst Du nicht – sei ihm dankbar für den Lerneffekt, den diese Spiegelung hat. Je nachdem was Du fühlst, kann Dir ein und dieselbe Situation ganz verschiedene Dinge spiegeln. Was außen passiert, ist nicht so wichtig, sondern das, was Du dabei fühlst.

WAS IST DEINE AUFGABE?

1) Lass das Gefühl zu, das Dir die Situation oder Person spiegelt.

Folgende Fragen helfen Dir bei der Auflösung:

- Was liegt tief unter dieser Emotion verborgen?

- Welche Gefühlsregungen sind noch da?

- Ist es mir möglich, alle Gefühlsregungen zuzulassen, oder versuche ich sie durch verschiedenste Verhaltensmuster wieder zur Seite zu schieben oder zu überspielen?

Hast du deine Gefühle aufgespürt, gehe einen Schritt weiter und erkenne die Sehnsucht, um die es bei Dir geht.

2) Zulassen und Annehmen

Versuche bitte mit diesem Gefühl verbunden zu bleiben und erlaube allen Emotionen da zu sein. Es macht am Anfang Angst, sich auf verdrängten Schmerz, Konditionierungen, Glaubensmustern und Traumata einzulassen. Dein Körper wehrt sich, löst das Angstgefühl durch Wut ab um so die vermeintliche Quelle des Schmerzes zu beseitigen. Dann begegnet Dir der Schmerz selbst, in seinen verschiedenen Formen. Darunter liegt eine Sehnsucht, die nicht erfüllt wird und uns eben deshalb Schmerzen bereitet. Das ist bereits die Lösung. Die Sehnsucht ist eine Sehnsucht nach Dir selbst. „Nicht-Du-selbst-sein" verursacht Schmerzen und macht müde. Diese Sehnsucht werden wir (leider, oder Gott sei Dank) nicht durch einen anderen Menschen stillen können. Auch nicht durch dein Dual.

3) Durchhalten

Es kann passieren, dass Du aus dem Lösungsprozess aussteigen möchtest, weil die Emotionen zu stark werden oder Du Seiten an Dir kennenlernst, die Dir unheimlich sind, die Du ablehnst. Diese Seiten gehören zu Dir, erst sie machen Dich ganz, lassen Dich immer mehr Du sein. Nimm sie an, unsere Welt ist schwarz und weiß und Du bist es auch. Erst das Zulassen all Deiner Aspekte macht Dich vollständig und vor Allem frei. Halte durch!

ÜBUNG DER WOCHE:

1. Achte in Deinem Alltag auf Situationen und Menschen, die starke Gefühle in Dir auslösen. Notiere Sie Dir gleich oder versuche Sie so gut wie möglich in Deinem Gedächtnis abzuspeichern. Sobald Du genügend Zeit hast, versuchst Du Dich erneut in das Geschehene hineinzuversetzen. Je emotionsgeladener eine Begebenheit für Dich war, umso schneller wird es Dir gelingen, die erlebten Gefühle wieder zu spüren.

2. Lasse sie nun zu und lasse Dich ein. Was auch immer hochkommt, lass es da sein. Angst, Wut, Verzweiflung. Vielleicht wird es anfangs schwer sein, all das zuzulassen und Du schaffst es nur wenige Sekunden in der Situation zu verharren. Je öfter Du jedoch Deinem Köper erlaubst, tatsächlich zu spüren, desto einfacher wird es werden.

Bleib so lange bei diesen Gefühlen bis Du spürst, dass Erleichterung eintritt.

3. Mach Dir Notizen: Welche Gefühle hast Du gespürt, was hat das mit Dir gemacht? Wie hast Du Dich vor der Übung gefühlt, wie danach?

4. Wertschätze Dich selbst, dafür, dass Du Dich getraut hast, Dich Deinen tiefsten Emotionen zu stellen.

Bewahre Deine Notizen bitte auf!

DIE SPIEGELGESETZE UND DIE DUALSEELE:

Hast Du die Spiegelgesetze in dein Handeln integriert....

... wirst Du Dich durch das Verhalten Deiner Dualseele nicht mehr irritiert und verletzt fühlen, weil Dir bewusst ist, dass vieles an seinem/ihrem Verhalten nichts mit dir zu tun hat bzw. nicht von Dir verschuldet ist.

... wirst Du erkennen, was Dein Anteil an schwierigen Situationen ist und hast dadurch einen ersten Anhaltspunkt, wo Du ansetzen kannst, um Veränderungen in Gang zu bringen.

... wird sich Deine Dualseele möglichweise nicht mehr so weit von Dir entfernen, weil Du Deinen Teil der Verantwortung anerkennst und auch demensprechend zu handeln beginnst.

Kapitel 2 –
Selbstliebe und Bedürfnisse

„Als ich mich selbst zu lieben begann, habe ich mich von allem befreit, was nicht gesund für mich war, von Menschen, Dingen, Situationen und von Allem, das mich immer wieder hinunterzog, weg von mir selbst. Anfangs nannte ich das gesunden Egoismus, aber heute weiß ich, das ist SELBSTLIEBE.“

Charlie Chaplin

Nachdem Du im letzten Kapitel mittels der Spiegelgesetze, begonnen hast

- Deine Umwelt und viele Situationen in Deinem Leben reflektierter zu betrachten,

- Dich mit Deinen Gefühlen auseinanderzusetzen und sie zuzulassen,

- Verantwortung für Dich zu übernehmen und,

- den Fokus auf Dich selbst zu legen,

möchten wir mit Dir nun einen Schritt weitergehen und uns das Thema Selbstliebe genauer anschauen. Denn diesem wirst Du sicherlich schon öfters im Zusammenhang mit der Klärung von Dualseelenbeziehungen begegnet sein.

Aber was bedeutet „Selbstliebe" nun wirklich in der Praxis und was bedeutet es für Deinen Dualseelenweg?

Sobald Du die Wahl triffst, Zeit in Dich zu investieren und achtsamer mit Dir selbst umzugehen, entsteht Selbstliebe in Dir. Du beginnst Dir selbst wichtiger zu werden, erkennst schneller, was Dir guttut und was nicht. Du hinterfragst, warum Du Menschen und Situationen überhaupt in Deinem Leben duldest, obwohl sie Dir nicht immer guttun. Der Weg scheint zu Beginn schwer, aber wir versprechen Dir: dieser Weg zahlt sich für Dich in jedem Fall aus.

In der Beziehung zu Deinem Dual hast Du wahrscheinlich schon viele Verletzungen, Rückzüge oder Zurückweisungen erfahren müssen. Weil er Dir als „Dein Spiegel" zeigen möchte, was Du alles mit Dir für „ein bisschen Liebe" machen lässt. Du entscheidest selbst, wann Du bereit bist, diese schmerzhafte Situation zu verlassen und beginnst Dich für Dich und Dein eigenes Wohl zu entscheiden. Du stellst Deine eigene Zufriedenheit über die Deines Duals.

Das ist der erste, aber mutigste Schritt, aus der Angst und Rückzugs-Spirale in dieser Beziehung. Und in Wahrheit der erste Schritt hin in Richtung deiner Dualseele (auch wenn Du das anfangs noch nicht ganz glauben kannst.)

Mangelnde Selbstliebe äußert sich, wie Du wahrscheinlich aus Deiner Dualseelenverbindung kennst, auf zwei verschiedenen Arten. Der eine Teil der Beziehung unterdrückt die Gefühle, der andere schwelgt darin. Beide Extreme sprechen für eine Unausgewogenheit im Bereich der Selbstliebe. Das bedeutet, dass Du Dich um Deinen Teil der Selbstliebe kümmern kannst, jedoch auch Dein Dual mit dem Thema konfrontiert werden wird. Du als „Loslasser" musst den Weg vorangehen. Im Zuge eurer energetischen Verbindung zieht es, durch Dein fortwährendes Handeln, Dein Dual gegengleich früher oder später auch in diese Themen.

Es ist nun an der Zeit, Dir selbst der treue Freund, die liebevolle Freundin und die große Liebe zu sein, die Du so lange im Außen gesucht und in Deiner Dualseele glaubtest gefunden zu haben.

Was muss ich tun? Woran merke ich, dass ich mich selbst liebe? Wie erkenne ich meine Bedürfnisse überhaupt?

Der zentrale Angelpunkt zur Erlangung Deiner Selbstliebe ist der Umgang mit Deinen Gefühlen. Menschen, die sich selbst lieben, sind im bewussten Kontakt mit ihren Gefühlen. Es gelingt Ihnen, ihre Gefühle auszudrücken und Situationen vorerst ruhig zu beobachten und dann die eigenen Bedürfnisse und Werte zu erkennen. Unangenehme Gefühle können in wertvolle Erfahrungen verwandelt werden und glücksbringende Emotionen bewusst geschaffen werden.

Ein Hinweis, dass Du Dich gerade auf dem Weg in die Selbstliebe befindest, ist, dass Du Deine Bedürfnisse über die Deiner Dualseele stellst, Dich trotz der innigen Liebe zu ihm gegen die

Verletzungen entscheidest und den Kontakt für bestimmte Zeit oder dauerhaft abbrichst. Denn eine der Hauptaufgaben ist es, zu lernen, Deine Beziehungen nicht als Ersatz für mangelnde Selbstliebe zu missbrauchen oder das Missachten Deiner Bedürfnisse durch den Partner zu akzeptieren, nur um Liebe aus dem Außen zu bekommen. Misst Du Deiner Dualseele mehr Bedeutung bei als Dir selbst, wirst Du viel Zeit damit verbringen, um ihn oder mit ihm zu kämpfen, anstatt die Begegnung voll zu genießen oder/und Dich und Deine Bedürfnisse aufgeben, nur um die volle Zuwendung zu bekommen.

Kennst Du Dich, weißt Du, was Du brauchst um zufrieden und selbstbestimmt durchs Leben zu gehen, dann handelst du mit der Zeit auch dementsprechend - Du respektierst Deine Grundbedürfnisse, genauso wie die Deiner Mitmenschen. Das Resultat ist, an erster Stelle die Selbstliebe und als Konsequenz daraus, Liebe aus und für

Dein Umfeld. Es entsteht ein Gefühl des „Angekommen-Seins“.

ÜBUNG DER WOCHE:

Selbstliebe und Deine Bedürfnisse erkennen

1. Dich selbst beobachten: Im vergangenen Kapitel hast Du durch Selbstbeobachtung und das Spüren und Aufspüren Deiner Gefühle und Ängste begonnen, Dich selbst besser kennenzulernen und Dir besonders in emotionsgeladenen Situationen achtsam und auch liebevoll zu begegnen. Du kannst Dich und Deine Reaktionen in verschiedenen Situationen schon etwas besser einschätzen. Auf diese Erkenntnisse kannst Du bereits aufbauen.

2. Betrachte Deine Notizen: Du hast Gefühle gespürt und festgehalten. Hinter diesen versteckt sich stets ein unerfülltes Bedürfnis. Dieses gilt es aufzuspüren. Dafür nimmst du Dir eine erlebte Situation her. Gehen wir beispielsweise davon aus, dass Du traurig warst, weil Dein Dual sich keine Zeit für Dich genommen hat und sich nicht bei Dir gemeldet hat. Er hat Dir demnach zu wenig Aufmerksamkeit geschenkt. Du nimmst nun das Gegenteil dieses Bedürfnisses her. So kommst du auf direktem Weg zu Deinem unerfüllten Bedürfnis. Nicht immer ist es so einfach, dem eigenen Bedürfnis auf die Schliche zu kommen.

3. Ergibt das Gegenteil, wie in Punkt 2 beschrieben, keinen Sinn für dich, kannst du einen Zwischenschritt einbauen, um deinem Bedürfnis näher zu kommen.

Du stellst die Frage: Was würde es mir bringen, wenn mein Partner....wäre?

Beispiel:
Du bist traurig, weil Dein Partner, Deiner Meinung nach, egoistisch ist. Das Gegenteil: Selbstlos.

Klingt das Bedürfnis nach Selbstlosigkeit für Dich stimmig? Ist die Antwort nein, frage weiter.

Was würde es mir bringen, wenn mein Partner selbstlos wäre?

Klingt das Bedürfnis danach geliebt zu werden stimmig? Nein, noch nicht ganz. Klingt das Bedürfnis nach Gleichwertigkeit für Dich stimmig? Ja.

4. Deine Bedürfnisse erfüllen: An dieser Stelle erscheint es mir wichtig zu erwähnen, dass andere nicht für die Erfüllung Deiner Bedürfnisse zuständig sind. Nur Du selbst kannst und sollst dafür sorgen, dass sie befriedigt werden.

Nimm Dir einen Zettel und beantworte die folgenden Fragen:

- **Welches Bedürfnis soll versorgt werden?**
- **Welche spezifische Strategie kann dazu beitragen, dass mein Bedürfnis erfüllt wird?**
- **Was kannst ich selbst konkret zur Erfüllung meines Bedürfnisses tun?**
- **Worum genau kann ich andere erwartungsfrei bitten, damit mein Bedürfnis erfüllt wird?**

Beispiel: Vielleicht ist Dein Partner durch viel Arbeit mit den Gedanken nicht so oft bei Dir, wie Du es gerne hättest. Dein Bedürfnis nach Nähe ist deshalb momentan größer als bei deinem Partner. Du kannst Deinem Partner liebevoll von Deinem Bedürfnis erzählen und ihn bitten Dich öfter in den Arm zu nehmen. Ist an Deine Bitte keine Erwartung oder Forderung geknüpft, wird er dir dieses Bedürfnis mit hoher Wahrscheinlichkeit gerne erfüllen.

Jeder Mensch hat, resultierend aus seinen Prägungen, einige starke Grundbedürfnisse. Hast Du diese für Dich identifiziert, kannst Du nun wieder in die Umsetzungsphase gehen und in den kommenden 7 Tagen Situationen, die Dich emotional herausfordern, nach diesen Punkten zu bearbeiten. Je öfter Du Dich dieser Übung widmest, desto schneller, wird die Selbstliebe bei Dir Einzug halten.

Selbstliebe und die Dualseele:

Hast Du Selbstliebe in dein Handeln integriert....

...wirst Du verstehen, warum Dich in der Vergangenheit oft Deine Emotionen übermannt haben, weil Du nun deine Bedürfnisse dahinter kennst und verstehst, dass Du sie in diesen Situationen nicht zu befriedigen wusstest.

...wirst Du Dich in Situationen, die Dir nicht gut tun, von Deiner Dualseele abgrenzen und Deine Bedürfnisse an erste Stelle setzen können.

...wird Dein Dual Dich nicht mehr als Selbstverständlichkeit erachten und beginnen sich wieder um Dich und Deine Aufmerksamkeit bemühen.

KAPITEL 3 – WIE DU ZUR GROSSEN LIEBE DEINES LEBENS WIRST

»Sich selbst zu lieben ist der Beginn einer lebenslangen Romanze.«

Oscar Wilde

Im letzten Kapitel ging es um eine erste Berührung mit dem Thema Selbstliebe und was sie in Wahrheit bedeutet. Du hast begonnen

- Deine Gefühle als wichtigen Angelpunkt für deine Selbstliebe anzunehmen.

- Dein Befinden und Deine Bedürfnisse besser kennenzulernen.

- Verantwortung für Deine Gefühle und Bedürfnisse zu übernehmen.

- den Fokus noch mehr auf Dich selbst zu legen und von Deinem Dual wegzunehmen.

All diese Veränderung werden Dich auf Deinem Dualseelenweg ein großes Stück weiterbringen (auch wenn Du es erstmal noch nicht ganz glaubst).

Diese Woche haben wir eine ganz besondere Aufgabe für Dich vorbereitet. Diesmal geht es, zum Ausgleich Deiner tollen Reflexionsarbeit, auch um Übungen, die Dir ganz viel Spaß machen sollen.

Die Aufgabe lautet: Wechsle Deine Perspektive!

Was, wenn Du anfängst, nicht Dein Dual, sondern Dich selbst, als die große Liebe Deines Lebens zu betrachten? Was würde sich für Dich verändern und warum sollst Du das tun?

Wenn Du einen Menschen wirklich liebst, möchtest Du,

- dass dieser Mensch sein ganzes Potenzial entfalten kann.

- dass er seine Größe, Schönheit und Stärke selbst sieht.

- dass er sich selbst nicht verletzt und klein macht.

- dass er sich selbst nicht verletzen und kleinmachen lässt.

- dass er sich nicht in Situationen bringt, die ihm nicht guttun.

- dass er nur das Beste im Leben bekommt und mutig genug ist, es sich zu holen.

Das ist selbstlose und bedingungslose Liebe und DAS macht Dein Dual für Dich. Jeden Tag! Es ist vielleicht eine etwas sonderbare Art, das zu zeigen. Aber als Dein Spiegel zeigt er Dir all Deine Wunden und Verletzungen, damit Du sie lösen kannst und endlich als der strahlende Mensch dastehst, der Du immer hättest sein sollen. Und: wenn Du in dieser Selbstliebe angekommen bist und Deine Blockaden aufgelöst hast, wird er Dir diese Liebe genauso spiegeln, wie er es jetzt mit Deine Wunden tut.

Denn momentan...

... weist er Dich zurück, damit Du siehst, wo Du Dich selbst zurückweist.

... kontaktiert er Dich nicht, weil Du selbst keinen Kontakt mehr zu Dir hast.

... will er keine Nähe zu Dir, weil Du Dir selbst nicht wirklich nahe bist.

... zeigt er Dir keine Liebe, weil Du Dir selbst keine Liebe zeigst.

Doch diese Spiegel wollen wir mit Dir gemeinsam nun ändern, und deshalb ermutigen wir Dich, an Deiner Liebe für Dich selbst zu arbeiten. Und wir fangen gleich an damit.

ÜBUNG 1- SELBSTLIEBE:

Mit dieser Übung kannst Du für Dich testen, wie gut es Dir mit Deiner Selbstliebe schon geht.

Stell Dich vor einen Spiegel und schau Dir selbst in die Augen. Dann sag Dir folgenden Satz vor (und zwar laut): „(Dein Vorname), ich liebe dich!" Dann nimm wahr, wie Du Dich dabei fühlst. Regt sich da ein innerer Widerstand in Dir? Ist es schwierig für Dich, diesen Satz auszusprechen? Oder geht er Dir ganz leichtüber die Lippen und Du fühlst Dich wohl dabei?

Sei ehrlich zu Dir selbst!

Wenn Du eine gesunde Selbstliebe hast, dann wird es Dir leichtfallen, diesen Satz zu sagen. Wenn es mit Deiner Selbstliebe noch nicht ganz so gut bestellt ist, dann wirst Du bei diesem Satz inneren Widerstand verspüren oder ihn vielleicht sogar gar nicht aussprechen können.

Mache diese Übung gleich heute und nach einer Woche nochmals. Dann beobachte, ob sich nach dieser Woche etwas verändert hat.

SELBSTLIEBE – WEITERE ÜBUNGEN FÜR DIESE WOCHE:

Das Wichtigste: Tu alles, was Dir guttut, gönn Dir was, und hab ganz viel Spaß dabei!

Beginne Deinen Tag mit Selbstliebe!

Programmiere Dich mental positiv für den Tag: Direkt nach dem Du aufwachst, bleib noch mit geschlossenen Augen liegen und sage Dir selber „Ich freue mich auf den kommenden Tag. Ich freue mich, dass es meinem Körper gut geht. Ich liebe dieses Gefühl, das ich gerade habe und ich bin dankbar, dass es mir so gut geht". Du kannst diesen Satz natürlich auch abwandeln. Genauso, wie es zu Dir passt und wie Du Dich gut dabei fühlst.

Der Effekt: Du fühlst Dich morgens schon direkt nach dem Aufstehen voller Energie und Lebensglück. Probiere das unbedingt aus, am besten gleich morgen früh!

Achte auf Deinen Körper & nimm Dir Zeit für Dich selbst!

Wenn es um Selbstliebe geht, ist es auch wichtig, sich dem eigenen Körper wieder ganz bewusst zu widmen und ihn zu pflegen. Creme Deinen Körper z.B. mit einer verwöhnenden Creme ganz bewusst und entspannt von oben bis unten ein. Nimm eine warme, entspannende Badewanne, oder lackiere Deine Nägel, wie es Dir gefällt. Kümmere Dich ganz bewusst um Deine äußerliche Verfassung. Wichtig: Nimm Dir Zeit für diese

Aufgabe, und sag Danke zu Deinem Körper, dass er Dir täglich diese guten Dienste leistet und funktioniert.

Versuche Dir in der kommenden Woche täglich mindestens 15 Minuten (besser 30 Minuten) für Dich und Deinen Körper Zeit zu nehmen.

Verwöhne Dich!

Wann hast Du Dir das letzte Mal was gegönnt? Ist ahrscheinlich schon eine Weile her. Daher: Gönn Dir in dieser Woche täglich eine kleine Belohnung für Dich. Ob es ein Kaffee in Deinem Lieblingscafé, ein Blumenstrauß für Dich selbst vom Blumengeschäft ist, ein Saunagang, eine Massage, eine Kosmetikbehandlung, ein Friseurbesuch, ein teurer Lippenstift, sexy Unterwäsche, ein Abend mit Deiner besten Freundin oder einfach einen schönen Film im Fernsehen oder im Kino. Du entscheidest wie großzügig Du Dich verwöhnst, aber verwöhne Dich in dieser Woche täglich!

Den inneren Kritiker verbannen

Der innere Kritiker ist wohl der übelste Feind in Deinem Kopf. Versuche ihn zu ertappen, wenn er Dir ausreden will, dass Du gewisse Sachen verdienst, Dir sagt, dass Du es nicht wert bist oder er Dich einfach runtermachen will. Schalte auf ein neues mentales Programm um. Sobald du Dich dabei ertappst, wie Du einen abwertenden Gedanken hast, sage Dir selber

„STOPP, ich bin hier der Programmdirektor und ICH sage hier, wo's langgeht. Ich werde diesen Moment genießen, mich selbst an erste Stelle stellen und mich auf das konzentrieren, was gut in meinem Leben ist."

Diese Übung braucht etwas Training, da so ein innerer Kritiker manchmal ganz schön hartnäckig sein kann. Aber sei Dir gewiss, sobald Du diese Übung im Alltag integriert hast und regelmäßig wiederholst, wird sich das positive Programm immer rascher automatisch einschalten. Du musst es dann gar nicht mehr bewusst herbeiführen, sondern es findet von ganz alleine statt, eben weil Du es schon so oft geübt hast.

Dankbarkeitsübung

Diese Übung ist eine der stärksten im mentalen Training, um Deinen Fokus augenblicklich auf die positiven Dinge zu legen: Überlege Dir, wofür Du dankbar bist. Deine Gesundheit, deine Freunde, das Wetter usw. Auch wenn es Kleinigkeiten sind. Nimm ein Blatt Papier und einen Stift und schreib es Dir auf. Anfangs ist diese Übung oft noch gar nicht so leicht, wenn gerade alles nicht so gut läuft. Aber Du wirst sehen, es geht mit jedem Mal leichter. (mach diese Übung am besten abends, bevor Du ins Bett gehst – überlege Dir, was Dir an dem Tag besonders gut gefallen hat und wofür Du dankbar bist).

Sich selbst der beste Freund sein!

Sei Dir selber Dein bester Freund und behandle Dich genauso. Überlege Dir, wie Du Deinen besten Freund behandeln würdest und was du ihm raten würdest. Berate und behandle Dich in dieser Woche genauso. Hab Geduld mit dir, sei nicht zu streng, sei liebevoll und humorvoll in deinen Gesprächen mit Dir selbst.

Verzeih dir selber!

Egal was war, egal was auch passiert ist. Auf dem Dualseelenweg erkennst Du viele Deiner Fehler aus der Vergangenheit, nur sind sie eben Vergangenheit. Verzeih Dir selber, Du wusstest es nicht besser. Trauere den Geschichten nicht hinterher, sondern lass los und Du wirst Dich sofort um einiges besser fühlen.

Lächle öfter!

Morgens im Spiegel. Auf dem Weg zur Arbeit. Im Kontakt mit Deinen Mitmenschen. Lächle diese Woche einfach öfter. Mach es bewusst und Du wirst sehen, dein innerer Zustand wird sich sofort ins Positive verwandeln.

Sei stolz auf Dich selber!

Wenn Du etwas erreicht hast oder etwas gut gemacht

hast, dann sei stolz auf Dich selbst. Nimm Dir die Zeit und den Raum, Dich selbst für Deine Erfolge zu beglückwünschen und stolz darauf zu sein. Menschen mit einer starken Selbstliebe sind stolz auf das, was sie erreicht haben. Setz Dir diese Woche kleine Ziele und wenn Du sie erreicht hast, feiere sie mit Dir selbst.

Mach Dich zur Priorität Nummer #1 in Deinem Leben!

Egal was Deine Mitmenschen sagen, denken oder von Dir erwarten, mach Dich selber zur Priorität Nummer #1 in Deinem Leben. Denn NUR wenn Du glücklich bist, kannst Du für Dein Umfeld ausreichend da sein und es bereichern. Lass Dir auch nicht von anderen einreden, das wäre egoistisch. Beobachte in dieser Woche, wie Deine Mitmenschen reagieren, wenn Du beginnst, Dich selbst wichtig zu nehmen. Erkenne Menschen, die Dich von dieser Selbstliebe fernhalten und hinterfrage Deine Beziehung zu ihnen. Sei dankbar für Menschen, die sich mit Dir freuen, wenn sie sehen, dass Du Dich positiv entwickelst, auch wenn Du beginnst Grenzen zu setzen.

Hab immer im Hinterkopf: Ich bin die Liebe meines Lebens und was würde ich mit dieser Haltung jetzt tun oder nicht tun?

Wir wünschen Dir viel Spaß in dieser Selbstliebe-Übungswoche!

Selbstliebe und die Dualseele – Teil 2:

Hast Du Deine neue Selbstliebe-Haltung in dein Handeln integriert....

... wirst Du verstehen, dass Dich Dein Dual in der Vergangenheit immer abgewiesen hat, weil du dich selbst abgewiesen hast.

... wirst Du beginnen, Situationen mit Deinem Dual zu hinterfragen, weil du sehen wirst, wie sehr Du Dich selbst schlecht behandelt hast und nicht in Selbstliebe gehandelt hast.

... wird Dein Dual Dir mehr und mehr die Liebe für Dich selbst, auch in Deinem Außen spiegeln können. Die liebevolle Aufmerksamkeit für Dich selbst, wird auch er Dir in Zukunft zeigen dürfen.

Doch hab Geduld, auch Selbstliebe ist ein Prozess und braucht Zeit. Dein Dual spiegelt es Dir dann, wenn es in Dir verankert ist und authentisch von Dir gelebt wird. Dabei gibt es keine Abkürzungen. Aber mit heute fängst Du an, diesen Weg zu beschreiten. Er wird sich für Dich lohnen.

Kapitel 4 – Eigenverantwortung in der Dualseelen-Liebe

» In dem Moment, wo Du die volle Verantwortung für alles in Deinem Leben übernimmst, ist der Moment, in dem Du alles verändern kannst."

In Kapitel 3 ging es um die Vertiefung Deiner Selbstliebe.

Du hast begonnen:

- **Dir selbst durch tägliche Verwöhn-Rituale mehr Aufmerksamkeit entgegen zu bringen.**
- **Dich selbst anzunehmen und liebevoll mit Dir umzugehen.**
- **Deinen inneren Kritiker in die Schranken zu weisen.**
- **Und Dich schließlich selbst an erste Stelle in Deinem Leben zu stellen.**

Dieser liebvolle Umgang mit Dir selbst wird Dich dabei unterstützen, Deinem Dual jeden Tag einen Schritt näher zu kommen. In diesem Kapitel widmen wir uns dem Thema Eigenverantwortung.

Wenn wir das Licht der Welt erblicken, haben wir fast 10 Monate der Geborgenheit, der Wärme und der Nähe zur Mutter hinter uns. Wir sind noch relativ unbelastet. Alle unsere Kanäle sind offen. Der Kopf ist aufnahmefähig. Er ist bereit, Wissen aufzusaugen. Der Bauch, der unsere Basisemotionen, wie z.B. Wut, Trauer und Angst, trägt, reagiert noch instinktiv und das Herz ist offen und will nur lieben und geliebt werden.

Unsere Bezugspersonen wollen im Grunde nur das Beste für ihr Kind. Doch sie sind bereits durch Traumata, Verletzungen, im Allgemeinen negative Erfahrungen geprägt. Deshalb können sie das offene Herz des Kindes nicht annehmen, obwohl es das wäre, was das Kind und auch sie selbst am dringendsten brauchen würden - nämlich das Gefühl bedingungslos angenommen und geliebt zu werden.

Was passiert dann?

Wird ein Kind nicht so angenommen wie es ist, glaubt es mit der Zeit, nicht in Ordnung zu sein, beginnt sich zu verbiegen und entfernt sich so immer mehr von seinem eigentlichen ICH. Es merkt nicht, dass es seine verletzten Eltern sind, die ihm ihre eigenen Muster und Prägungen überstülpen. Jedes Kind wird seine eigene Strategie entwickeln, um sich zu schützen. Einige werden sich eher zurückziehen, niemanden an sich ranlassen, andere sehr offensiv und distanzlos agieren. Was alle Kinder gemeinsam haben, ist, dass sie sich immer mehr am Außen orientieren, und es verlernen, ihren eigenen Gefühlen zu vertrauen und sich um ihre darunterliegenden, eigenen Bedürfnisse zu kümmern.

So wachsen wir auf und leben oft nicht unser eigenes Leben, sondern das der anderen. Wir haben gelernt zu spüren, was andere von uns wollen, was sie brauchen, wir helfen ihnen und lieben sie.

Aber wo bleiben wir?

Unser inneres Kind, das kleine ICH in uns, möchte Aufmerksamkeit erhalten, es möchte gehört werden, wenn es traurig, wütend oder ängstlich ist. Hören wir es nicht, meldet es sich immer lauter und lauter zu Wort. Wir unterdrücken die innerliche Stimme weiter. Bis wir schließlich von starken Ängsten oder fürchterlichen Aggressionen übermannt werden, ihnen hilflos ausgeliefert sind. Dies wäre gar nicht notwendig, würden wir bereits die kleinen Signale unseres inneren Kindes wahrnehmen und auf es reagieren, würden wir es in den

Arm nehmen und ihm genau das geben, was es so dringend braucht:

Bedingungslose Liebe.

Am deutlichsten wird uns dieser Zustand in Beziehungen, wenn unsere Liebe nicht erwidert wird, wir das Gefühl haben, nur zu geben und zu kurz zu kommen. Besonders die Beziehung zu Deiner Dualseele spielt hier eine wichtige Rolle. Das Zusammentreffen mit ihr ist die Aufforderung zum Bewusst-werden deiner aktuellen Situation. Denn sie spiegelt Dir unmissverständlich all Deine Muster und Traumata. Im Spiel von Nähe und Distanz fühlst Du Dich oft macht- und hilflos, wirst wütend auf Dich selbst, Deine Dualseele und die Welt.

Was passiert dann?

Zumeist geben wir unserem Gegenüber die Schuld am Scheitern der Beziehung, unseren Eltern, daran, dass sie nicht genug für uns da waren, dass sie uns nicht richtig erzogen haben. Wir haben viel versucht, vor Allem die Anderen zu verändern, nur leider hat es keine Veränderung gebracht. Oder wir nehmen alle Schuld auf uns. Die Beziehung zum Dual funktioniert nicht, weil wir alles falsch machen, nicht gut genug sind.

ABER: Es geht nicht um Schuld! Dieser Gedankengang bringt Dich nicht weiter.

Wichtig ist es, sich bewusst zu machen, dass all diese Gefühle ihren Ursprung in unserer Kindheit haben und daher kommen, dass wir damals nicht so sein dürften wie wir sind, dass wir uns den Anforderungen der Anderen beugen mussten. So stark, dass unser inneres Kind noch heute schreit, wenn wir als Erwachsener in eine gefühlt ähnliche Situation wie damals kommen.

Was passiert, wenn wir all diese Gefühle unterdrücken und unserem inneren Kind und dem was es braucht keine Beachtung schenken?

Wir bestätigen damit das, was uns unsere ganze Kindheit vermittelt haben. Wir sind Situationen ausgeliefert, können nichts dazu beitragen, dass sich Probleme durch unser Handeln zum Positiven verändern, wir sind vollständig vom Goodwill unserer Umwelt abhängig und kümmern uns um alle anderen, nur nicht um uns selbst und unsere Bedürfnisse.

Und wir geben allen anderen die Schuld dafür, dass wir so unglücklich sind und machen uns damit zum Opfer! Ein Opfer, das nichts an seiner Situation verändern kann.

Machen wir hier einen Cut und versuchen die Perspektive zu verändern.

Was wäre, wenn es uns gelingen würde, uns nicht als Opfer zu sehen, sondern bewusst entscheiden zu können, was wir wollen und was nicht? Was würde dann passieren?

- Wir könnten das, was uns in unserer Kindheit passiert ist akzeptieren und die Situation und unser aktuelles ICH annehmen und uns verinnerlichen, dass unsere Bezugspersonen ihre Bestes gegeben haben. Dass sie genauso wie wir alle, durch ihre Muster und Ängste geprägt waren, und dass sie uns trotz all ihrer Fehler lieben.

- Wir könnten erkennen, dass wir die Vergangenheit nicht mehr verändern können, wir aber im Hier und jetzt nicht mehr machtlos oder hilflos sind, und können annehmen, dass wir nun stellvertretend für alle unsere Vorfahren und vor Allem für unsere (zukünftigen) Kinder die Traumata, Ängste und negativen Muster für alle Zeit auflösen können.

- Wir könnten gut für unser inneres Kind sorgen und ihm das geben was es braucht. So würden wir spüren, was wir brauchen und könnten uns besser um unsere eigenen Bedürfnisse kümmern.

- Wir könnten ab sofort die Verantwortung für all unsere Handlungen übernehmen und würden damit anderen Menschen die Möglichkeit nehmen, uns zu manipulieren und Dinge zu tun, die wir gar nicht wollen.

ÜBUNGEN:

Heraus aus der Opferrolle und in die Eigenverantwortung zu kommen, geschieht nicht von heute auf morgen. Aber wir können viel dazu beitragen.

Zu allererst müssen wir lernen, eine Verbindung zu unserem inneren Kind aufzunehmen, da dieses uns unsere Ängste und Bedürfnisse aufzeigt. Und nur wenn wir uns selbst spüren und wissen was wir brauchen, können wir Entscheidungen treffen, dafür auch die Konsequenzen übernehmen und anderen unsere Wünsche und Bedürfnisse mitzuteilen, ohne von Ängsten, Unsicherheiten und Hemmungen übermannt zu werden. In Kombination mit unserer Selbstliebe und dem Selbstvertrauen kommen wir dann immer mehr in die Eigenverantwortung.

Dialog mit Deinem inneren Kind

Es geht in dieser Übung darum, dass Dein Erwachsenen-ICH Deinem inneren Kind begreiflich macht, dass es sich bei Deinen Ängsten, Mustern und Glaubenssätzen um eine Fehlprogrammierung handelt, die Deine Bezugspersonen auf Dich übertragen haben. Für den Dialog kannst Du zum Beispiel ein altes Kinderfoto von Dir vor Dir hinlegen. Nimm nun eine sehr wohlwollende, elterliche Haltung ein.

- Du erklärst nun Deinem inneren Kind, wie es damals mit Mama und Papa war. Zum Beispiel so: „Es war sicherlich nicht einfach für Dich. Papa war nie da und Mama war andauernd gestresst. Du hattest immer das Gefühl, dass Du den beiden zu viel warst. Deshalb warst Du immer ganz artig, damit Du ihnen ja nicht zur Last fällst. Aber so richtig glücklich machen konntest Du sie trotzdem nie. Manchmal konnte es aber auch richtig lustig mit den beiden sein. Dann ging es Dir auch wirklich gut. Aber das war nicht oft so. Und weil eben Mama und Papa meist so unglücklich waren und immer so gestresst, bist Du zu ganz blöden Überzeugungen gekommen. Du denkst: „Ich genüge nicht!“, „Ich muss immer lieb sein!“

- Wenn Du mit Deinem inneren Kind sprichst, rede bitte in der Kindersprache. Wenn Deine Mama beispielsweise immer dominant war, ist dies aus der Erwachsenensprache. Verwende dann lieber „bestimmend“. Auch Wörter wie depressiv oder aggressiv sind nicht kindergerecht. Verwende lieber traurig oder wütend.

- Im nächsten Schritt vermittelst Du Deinem Kind die wichtigste Botschaft. Nämlich, dass all das nicht

Deine Schuld war und wenn Mama und Papa nicht so überfordert gewesen wären, dass Du ganz andere Glaubenssätze mitbekommen hättest. Das könnte so klingen: „Mir ist ganz wichtig, dass Du verstehst, dass das alles nicht Deine Schuld war! Mama und Papa haben die Fehler gemacht und nicht Du! Und wenn die beiden nicht so überfordert gewesen wären, dann wüsstest Du, dass Du so wie Du bist vollkommen genügst. Sie lieben Dich, auch wenn sie es Dir nicht immer zeigen können oder Du manchmal frech bist. Und natürlich darfst Du auch mal zur Last fallen, sie kümmern sich gerne um Dich, wenn Du sie brauchst."

- Formuliere die Sätze so, wie sie zu Dir und Deinen Problemen und negative Glaubenssätzen passen. Es geht nämlich nur darum, dass Du mithilfe Deines Erwachsenen-ICHs Deinem inneren Kind begreiflich machst, dass seine Glaubenssätzerecht beliebig sind und nichts, aber auch gar nichts, über Deinen tatsächlichen Wert aussagen.

Wichtig ist es, dass Du ab jetzt hinhörst, wenn sich Dein inneres Kind zu Wort meldet, wenn es traurig oder wütend ist und ihm dann so schnell wie möglich die Aufmerksamkeit gibst, die es braucht. Das innere Kind mag all diese Gefühle haben, aber der Erwachsene bestimmt was getan wird.

In Wahrheit ist es nichts Anderes als mit kleinen Kindern. Hat das Kind zum Beispiel Angst vor dem Zahnarzt, dann nimmt es der liebevolle Elternteil an die Hand und hilft ihm das Ganze durchzustehen. Es wird aber nicht dem Kind die Führung überlassen und den Zahnarztbesuch absagen. Genauso sollst Du mit Deinem inneren Kind umgehen. Du hörst ihm zu und gibst ihm die Möglichkeit, seine Ängste zu zeigen und über seine Unsicherheiten zu sprechen. Aber letztendlich übernimmst Du als Erwachsener die Verantwortung für die Situation und entscheidest mit Deinem vernünftigen Verstand.

Das Gespräch mit Deinem inneren Kind solltest Du immer dann machen, wenn Du Ängste und Unsicherheiten spürst. Es muss nicht lange sein. Wenn Du Dich beispielsweise dabei erwischt, wie Du in einem negativen Glaubenssatz festhängst, oder in ein Angstgefühl, Wut oder Verzweiflung abrutscht, dann kann es im Alltag manchmal auch helfen, wenn Du Deinem inneren Kind in Gedanken über den Kopf streichelst oder ihm ein paar liebevolle Worte ins Ohr flüsterst. Durch diese Geste stellst Du einen kleinen Abstand zwischen Deinem Kindheitsprogramm und Deiner Erwachsenen Realität her.

Hast Du den Dialog mit Deinem inneren Kind in Deinen Alltag integriert, wirst Du nach einer Zeit merken, dass Du den Gründen Deiner Emotionen und Ängsten immer schneller auf die Schlichte kommst. Dies ist der erste

Schritt in Richtung Eigenverantwortung. Denn ist Dir bewusst, was Du brauchst, kannst Du beginnen dies auch nach Außen kommunizieren. Wie Du das angehst erfährst Du im nächsten Kapitel.

EIGENVERANTWORTUNG UND DIE DUALSEELE:

Hast Du die Eigenverantwortung in Dein Handeln integriert...

... wirst Du bei Rückzug Deiner Dualseele keine Panik mehr empfinden, da Du jetzt spürst, dass Du davon nicht abhängig bist. Je mehr Du das spürst, desto weniger wird er sich zurückziehen.

... wirst Du erkennen, dass jeder in Deinem Umfeld, speziell Deine Dualseele, Dir als Spiegel dient und Dir hilft, Deine Muster und Prägungen zu erkennen. Du kannst dann Deine Lehren daraus ziehen und beginnen sie aufzulösen/zu verändern.

... wirst Du erkennen, dass Deine Dualseele nicht für Dein Empfinden verantwortlich ist und dass DU SELBST zu jeder Zeit die Zügel in die Hand nehmen und Dein Leben zum Besseren verändern kannst.

KAPITEL 5 –
NIMM DEIN LEBEN IN DIE HAND

» Wenn du mit Deinem Leben unzufrieden bist, dann ändere selbst etwas daran.
Du kommst nicht weiter, indem Du andere für Dein Leben zur Verantwortung ziehst. «

Mati

Du hast bereits begonnen erste Schritte Richtung Eigenverantwortung zu setzen, indem Du verstanden hast,

- dass viele Deiner Gefühle ihren Ursprung in Deiner Kindheit haben.

- wie Deine Eltern Dich mit ihren eigenen Mustern als Kind geprägt haben.

- wie Du Verantwortung für Dein „inneres Kind" übernehmen kannst.

- wie Du mit Deinem inneren Kind sprichst und es beruhigst.

- dass Du Dich immer besser selbst kennenlernst, je mehr Du Deine Muster durchschaust.

Im zweiten Teil des Themas Eigenverantwortung wollen wir Dir einen Leitfaden geben, was Du nun tun kannst, um in Deinem Leben das Steuer wieder selbst in die Hand zu nehmen und Dich nicht mehr als Opfer Deiner derzeitigen Umstände siehst.

Übernimm die Verantwortung für Dein Leben!

Das was Dich aufhält in die Eigenverantwortung zu gehen, sind Deine Ängste und Unsicherheiten: Angst, nicht gerecht zu werden, Angst zu scheitern, Angst Fehler zu machen, Angst, wer Du dann bist, wenn Du die Opferrolle verlässt, Angst vor der eigenen Stärke etc. Deswegen drückst Du Dich vor der Verantwortung. Doch je weniger Verantwortung Du übernimmst, desto schlechter geht es Dir meistens. Du wirst passiv und machst Dich zum Opfer Deiner Umwelt, Deines Duals und Deines Schicksals.

DOCH DIE VERANTWORTUNG IST DER SCHLÜSSEL ZU DEINEM GLÜCK!

Eigenverantwortung in der Dualseelenklärung

Eigenverantwortung ist einer der entscheidendsten Schritte in Deiner Dualseelenklärung. Nur wer ihn wirklich annimmt, bringt Bewegung in die Dynamik mit dem Dual. Denn solange Du in der kindlichen Opferrolle verharrst, wirst Du ihm Angst machen und ihn überfordern. Auf seiner Seite entsteht Druck, weil Du ihm zusätzlich zu der Verantwortung, die er für sich selbst trägt, die Verantwortung für Dich aufbürdest. Es entsteht ein Ungleichgewicht. Erspürt Druck von Deiner Seite und läuft vor Dir weg, anstatt sich von Dir angezogen zu fühlen, wie Du es Dir eigentlich wünschst. Er darf/kann Deine Ängste nicht stillen. Und er wird sich solange von Dir fernhalten bis er der selbstbewussten, starken Frau auf Augenhöhe gegenübersteht, die ihr Leben in die Hand nimmt und damit wieder Anziehung auf ihn ausübt.

Bedenke, dass euer gemeinsames Ziel immer Balance in eurer Energieblase ist.

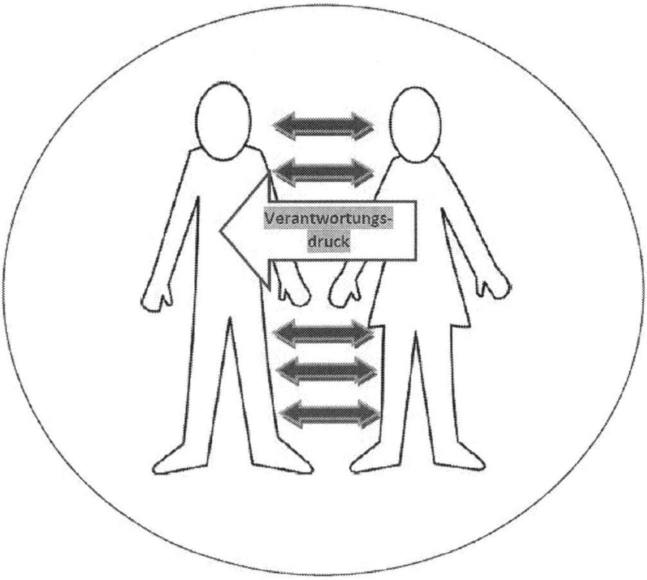

Aber was heißt das jetzt genau in der Praxis? Was machst Du jetzt?

Die erste Änderung muss in Deiner Einstellung und Deinen Gedanken stattfinden. Wenn Du Deine Gedanken und Handlungen bisher betrachtest, dann erkennst Du, wo Du Dich überall zum Opfer gemacht hast. Es ist nicht immer leicht, sich das zu Beginn einzugestehen. Aber es ist der erste Schritt in die Verantwortung und in Deine Freiheit.

DU bist dafür verantwortlich, genau DAS im Leben zu haben, was du haben willst.

Diesen Gedanken musst Du zu 100% verinnerlichen, wenn Du etwas verändern möchtest!

Verantwortung zu übernehmen ist nicht nur anstrengend. Es kann auch Spaß machen. Und deshalb haben wir für Dich diese Woche einige Übungen vorbereitet mit denen Du gleich anfangen kannst zu üben!

Kein Eigenverantwortungsmeister ist je vom Himmel gefallen, deshalb fang klein an und nähere Dich in kleinen Schritten Deinem Ziel. So lernst Du Dich am besten den Ängsten vor dieser Verantwortung zu stellen. Jeder kleine Etappensieg gibt Dir mehr Selbstvertrauen und Sicherheit und mit der Zeit bist Du bereit, größere Verantwortungsbereiche angehen.

ÜBUNGEN DER WOCHE: „Verantwortung übernehmen":

Übung 1: Übe mit alltäglichen Dingen – Beispiele

- ✓ Bring mal wieder den Hausmüll raus.
- ✓ Räum einen Tisch, ein Schrankfach oder die „Chaos-Schublade" auf.
- ✓ Übernimm die Verantwortung für Deinen Postkasten. Leere ihn und kümmere Dich um unbeantwortete Briefe oder Rechnungen.

- ✓ Mach jeden Morgen Dein Bett. (Auch wenn Du es abends sowieso wieder zerwühlst – egal. Tu es einfach! Es gibt Dir das Gefühl, Dein Leben echt im Griff zu haben.)

- ✓ Kauf Dir eine Pflanze und sorge dafür, dass sie länger als drei Wochen überlebt.

Es kann sein, dass unsere ersten Übungen für Dich schon zur täglichen Routine gehören. Wir wissen nur aus Erfahrung, dass dies nicht bei allen Dualseelenklärern so ist. Eine Dualseelenklärung erfordert viel Kraft und wenn Du in Leidensschleifen hängst oder immer wieder im Gefühlschaos untergehst, sind diese Tätigkeiten oft schwer zu erfüllen und man lässt sie liegen. Aber: Wer Verantwortung für sich übernehmen will, muss beginnen wieder Ordnung ins Chaos zu bringen.

Übung 2: Suche Dir eine Aufgabe, bei der Du Deinen inneren Schweinehund überwindest.

Überleg Dir Situationen, vor denen Du Dich gerne drückst und die Du nicht so gerne machst und dann pack sie an. Leg los und zieh es ohne Jammern durch. Geh auch dabei in kleinen Schritten vor. Überfordere Dich nicht, da Dir sonst schnell die Motivation verloren geht.

Du wirst aber merken wie gut Du Dich fühlst, wenn du so eine Aufgabe erledigt hast. Es ist wie ein kleiner Sieg über sich selbst ☺.

Erledige diese Woche zumindest eine solche Aufgabe! z.B. Geh laufen, stell Dich einem unangenehmen Gespräch, mach einen überfälligen Behördenweg oder miste Deinen Kelleraus.

Übung 3: Triff Entscheidungen

Wenn Du nicht in der Lage bist selbst Entscheidungen zu treffen, dann wird für Dich entschieden. Deshalb ist es für Deine Selbstverantwortung sehr wichtig, dass Du Entscheidungen in Deinem Leben lernst selbst zu treffen. Ansonsten wirst Du immer von den Entscheidungen anderer abhängig sein und nie das Leben leben, dass DU gerne hättest. Wir möchten Dich auch ermutigen, Entscheidungen intuitiver zu treffen, quasi aus dem Bauch heraus. Übe Dich in der nächsten Woche auch hier erst mal in kleinen Situationen:

- ✓ Fang gleich in der Früh an und entscheide innerhalb von 3 Sekunden, was Du anziehen willst. Das lange Hin- und Herüberlegen kostet Dir unnötig Energie. Zieh das an, was Dir als erstes in den Sinn kommt. Je schneller Du Dich entscheidest, desto besser geht es Dir damit.

- ✓ Mach das Gleiche beim Frühstück: Überleg nicht lange, was Du essen willst. Hol Dir das aus dem Kühlschrank, worauf Du wirklich Lust hast. Dein Körper weiß am besten, was er braucht.

- ✓ Die Tagesplanung: Du weißt noch nicht, was du an dem Tag gerne machen möchtest? Schreib Dir ein paar Möglichkeiten auf und entscheide Dich dann schnell. Streich dazu der Reihe nach alles weg, wozu Du am wenigsten Lust hast, bis nur noch ein oder zwei Möglichkeiten übrig sind. Mach das intuitiv, ohne lange zu grübeln. Und ganz wichtig: Ist die Entscheidung gefallen, bleib dabei. Fang nicht an, fünf Minuten spatter wieder alles in Frage zu stellen.

- ✓ Du bist im Restaurant oder im Supermarkt und merkst, dass Du Dich nicht entscheiden kannst, was Du essen möchtest. STOP! Unterbrich Dein Gedankenkarussel. Was war Deine erste Intuition? Genau DAS kochst Du oder bestellst Du. Und dann denkst Du nicht länger darüber nach, ob etwas Anderes nicht doch besser gewesen wäre.

Mit dieser Taktik trainierst Du Deine Entscheidungsfähigkeit und bist dann gerüstet für größere, schwierige Entscheidungen. Lerne Entscheidungen zu treffen und dazu zustehen! Lass nicht andere oder den Zufall über Dein Leben entscheiden. Du bestimmst selbst, wie Dein Leben auszusehen hat.

Übung 4: Trau Dich, Fehler zu machen!

Oft steckt hinter der Angst Verantwortung zu übernehmen, die Angst, keine Fehler machen zu wollen.

Aber sei realistisch: Um Fehler kommst Du nicht herum! Du kannst Dir in dem Moment, in dem Du Angst spürst, einen Fehler zu machen vor Augen halten, was Du auf Deinem Totenbett über diese Situation rückblickend denken würdest. Vielen Menschen hilft diese Methode, weil Entscheidungssituationen so mit ganz anderen Augen betrachtet werden. Am Totenbett denken die meisten Menschen nur: „Warum hab ich mich das nicht getraut?

"Ich hätte viel mehr Fehler machen sollen." Denn man bereut dort nicht seine Fehler, sondern nur die Dinge, die man sich nicht getraut hat zu tun. „Ach hätte ich doch damals auf mein Bauchgefühl gehört." Trau dich jetzt schon, Fehler zu machen und Dinge, die Dir wichtig sind auszuprobieren! Denn auch hier sollst Du lernen die volle Verantwortung für Dich und Deine Wünsche zu übernehmen und auch zu Fehlern zu stehen.

FAZIT: Nur dadurch, dass Du auch Fehler machst, kommst Du vorwärts! Du lernst Dich selbst besser kennen und Du lernst, dass es nicht so schlimm ist, Fehler zu machen.

Wichtig ist dabei auch, dass Du lernst, auch für Fehler die volle Verantwortung zu übernehmen. Du lernst dabei, zu Dir selbst zu stehen. Zu sagen: „Ja, ich bin schuld, ich habe einen Fehler gemacht und ich werde es das nächste Mal besser machen." Das ist ein sehr reifer Schritt. UND: Du wirst feststellen, dieser wird belohnt. Menschen werden Dich bewundern für Deinen Mut, die Verantwortung für deine Taten zu übernehmen.

Entwickle auch eine andere Sichtweise auf Deine Fehler: Statt Selbstvorwürfen, überleg Dir nach einem Fehler einfach: Was habe ich daraus gelernt?
Triff diese Woche eine (vielleicht längst überfällige) Entscheidung, mit der Du möglicherweise einen Fehler machen könntest, (der aber für Dich für den Anfang verkraftbar wäre) um Dich der Angst, Fehler zu machen, zu stellen.

Übung 5: Erfülle Dir Deine Wünsche

Um ein glückliches und eigenverantwortliches Leben zu führen, musst Du Deine eigenen Wünsche kennen und sie Dir auch selbst erfüllen können. Egal, ob nun Dein Dual irgendwann in Deinem Leben auftaucht oder nicht. Warte auch nicht auf andere Lebensumstände, den Lottogewinn oder die Rente. Werde selbst aktiv und lege los. Denn der perfekte Zeitpunkt, um die Verantwortung für die Erfüllung Deiner Wünsche zu übernehmen, ist **JETZT**!

Mach Dir diese Woche eine Liste mit Deinen größten Wünschen. Schreib alle auf, die Dir einfallen und priorisiere sie dann für Dich. Für die, die Dir wirklich wichtig sind, mal Dir in Deinem Kopf ein Bild, druck Dir eventuell auch ein Bild dazu aus und hänge es z.B. an den Kühlschrank. Dann, werde bei einigen Deiner Wünsche aktiv, wenn Dir ein Schritt zu der Erfüllung deines Traums einfällt, z.B. Lust auf gesündere Ernährung. Such Dir tolle Rezepte raus. Willst Du eine Reise machen? Hol Dir Kataloge aus dem Reisebüro. Willst Du ein neues Auto?

Mach Dir beim Autohändler eine Probefahrt aus. Du willst tanzen? Dann melde Dich für einen Tanzkurs an. Das Leben ist zu kurz, um zu Warten.

Das ist ultimative Eigenverantwortung! Du setzt Deine Träume in die Realität um und bestimmst selbst über Dein Leben! DU WIRST ES LIEBEN!

Zusätzlich bringt Dich diese Übung auch schnell in mehr Lebensfreude und damit ebenfalls dem Ziel der Dualseelenklärung näher☺.

Und um Dich noch mehr zu motivieren mit uns diese Woche die Schritte Richtung Eigenverantwortung zu setzen:

Was bedeutet das Übernehmen Deiner Eigenverantwortung nun konkret für Deine Dualseelen-Beziehung?

Hast Du Eigenverantwortung in Dein Handeln integriert….

…wird Dein Dual von Deiner Seite weniger Druck und wieder mehr Anziehung verspüren. Ein Mensch, der sein Leben in der Hand hat, wirkt auch auf sein ganzes Umfeld sehr anziehend. Beobachte!

…wirst Du Deinen Fokus auf Dein eigenes Leben und Dich legen und auch das spürt Dein Dual energetisch. Er wird durch das Fehlen des Druckes und der

Aufmerksamkeitsenergie beginnen Dich zu vermissen. Weil er merkt, dass „etwas fehlt".

...wird Dein Dual (wenn Du ihn das nächste Mal siehst) bemerken, dass Du stärker und sicherer in Deinem Leben stehst, was die Anziehungskraft auf ihn erhöhen wird.

Du siehst, wie wichtig diese Schritte, sowohl für Dich selbst, als auch für eure Dualseelenklärung sind. Bleib dran!

KAPITEL 6 – KONTAKT MIT DER DUALSEELE – WAS DU WISSEN SOLLTEST

» Wenn ein Herz spricht, antwortet ein Herz. Wenn ein verletztes Herz spricht, antwortet ein verletztes Herz.«

Unbekannt

Wir sind in den letzten Wochen mit Dir durch sehr tiefe Themen in Deiner Dualseelenklärung gegangen, die aber essenziell für Dich sind, damit Du in Deine eigenen Stärke kommst und in der Lage bist, die Themen hinter dem anfänglichen Chaos zu durchschauen. Sei stolz auf Dich, dass Du mutig genug bist, Dich diesen tiefgreifenden Aufgaben zu stellen und die Herausforderung angenommen hast, Dein Innenleben aufzuräumen.

In letzten Kapitel hast Du gelernt,

- wie wichtig es ist, Eigenverantwortung in Deiner Dualseelenklärung zu übernehmen.

- wie Du schrittweise Verantwortung für Dein Handeln übernimmst und damit den Druck von Deinem Dual nimmst.

- wie Du Dein Leben langsam und Schritt für Schritt in Deine Hand nimmst und stolz darauf sein kannst.

- wie Du beginnst, eigene Entscheidungen zu treffen und selbstbewusster wirst und auch im Außen dementsprechend agierst.

- wie Du Dich Deinen Ängsten stellst und Dir liebevoll erlaubst, auch Fehler zu machen.

- wie Du beginnst, Dir selbst Deine Wünsche zu erfüllen.

Nun starten wir mit dem Thema „Wie Du Dich beim Kontakt mit Deinem Dual verhältst." in die zweite Hälfte unseres Arbeitsbuches und Deiner Lektionen.

Zum Thema "Kontakt" findest Du viele Beiträge, Artikel und Erfahrungsberichte im Internet und viele verschiedene Meinungen. Vielleicht bist Du aufgrund dessen nur noch verwirrt und hast das Gefühl, dass alles, was Du im Kontakt mit Deinem Dual macht, sowieso falsch ist oder nur noch mehr Drama und Schmerz in Dir und ihm auslöst. Heute möchten wir Dir unsere Erfahrungen und Schlussfolgerungen weitergeben.

Kontakt - Der Teufelskreis

Am Anfang einer Dualseelenklärung fließt oft noch die Energie zwischen euch. Es sind offene Kommunikationen und sogar sehr liebevolle Nachrichten und Telefonate möglich. Aber ab einem gewissen Zeitpunkt blockiert alles. Meist zieht er sich zurück, antwortet nicht mehr auf Deine Nachrichten, sagt Treffen ab, beendet die Beziehung (falls es eine zwischen euch gegeben hat) und lässt Dich komplett ratlos zurück. Du verstehst die Welt nicht mehr, beginnst ihm nachzulaufen oder ihn zu bedrängen. Doch das macht alles noch schlimmer. Vielleicht blockiert er sogar Deinen Kontakt und gibt Dir keine Möglichkeit mehr, ihn zu erreichen. Er leugnet seine Gefühle für Dich oder hat plötzlich eine neue Freundin. Irgendwann stehst Du ratlos da und suchst nach Antworten. Du hast trotzdem noch starke Sehnsucht nach ihm und in Deiner Verzweiflung versuchst Du, Dich an alle Tipps zu klammern, die man zum Thema „Einen Mann zurückerobern“ oder „Kontakt mit dem Dual“ so findet: Kontaktabbruch, ihn ignorieren, ihn blockieren, ihn eifersüchtig machen, ihm vorspielen, dass Du ihn nicht brauchst, etc. Viele beginnen auch damit den Dual zu manipulieren, ihn durch bewusst angelegte Aktionen in die Verlustangst zu treiben. Du hoffst dadurch doch wieder ein Lebenszeichen von ihm zu erhaschen.
Lass Dir gesagt sein:

Dieses Verhalten wird Dich nicht an Dein Ziel führen!!!

Erfüllt derartiges Handeln bei „normalen“ Partnern seinen Zweck, löst Du bei Deinem Dual nur das Gegenteil aus.
Ihr seid eine Seele und dementsprechend wird er Deine Manipulations-versuche erkennen und sich noch weiter von Dir entfernen. Alle, die den Dualseelenweg bereits gegangen sind, wissen: Innerlich wartest Du permanent, dass etwas passiert und er endlich auf dich zukommt. An der Oberfläche machst Du sogar ein paar der empfohlenen Dualseelen-Lernaufgaben und hast innerlich auf „Durchhalten“ geschalten.

Doch irgendwann hast Du plötzlich einen schwachen Moment und schreibst ihm doch, Du begegnest ihm zufällig und lässt Dich dazu hinreißen, ihm Deine Gefühle erneut zu gestehen oder Du lässt Dich auf Sex mit ihm ein. Entweder weist er Dich wieder zurück oder schenkt Dir ein paar schöne Momente, um gleich danach wieder auf Rückzug zu gehen. Dieses Spiel kann sich auch über mehrere Jahre hinziehen. Mit jedem Mal, wo Du diese Schleife gehst, wird diese Dynamik schlimmer und schmerzhafter für Dich. Bis Du aufgibst und den Kontakt völlig einstellst. Dein Herz leidet trotzdem, die Sehnsucht bleibt. Der zurückgebliebene Schmerz der Zurückweisung verschließt Dein Herz und Du siehst Dich als Opfer, weil Du keinen Ausweg mehr siehst, diese Leidensspirale zu verlassen.

Aber was kannst Du nun tun? Nie wieder Kontakt?

Wenn Du nach dem ganzen Leid, wirklich bereit bist, genauer hinzuschauen, dann möchten wir Dir jetzt eine neue Sichtweise auf diese Kontakt-Teufelskreis-Spirale eröffnen.

Warum verhältst Du Dich so?

In Momenten, in denen die Sehnsucht übermächtig wird, meldet sich das kleine Kind in Dir zu Wort. Es schreit nach Liebe. Dies sind Situationen, in denen Du manipulierst, Du versuchst mit Taktik und Spielchen, Aufmerksamkeit und Emotionen von Deinem Dual zu bekommen. Wie schon beschrieben - Dein Dual wird Dir das nicht durchgehen lassen und Dich durch Rückzug und Kontaktabbruch in Deine Ängste treiben, um Dir so Deine ganzen kindlichen, Angst- oder Ego-gesteuerten Taktiken vor Augen halten. Und dies so lange, bis Du selbst durchschaust, was hier passiert und damit aufhörst.

In Kapitel 4 hast Du bereits gelernt, wie Du die Bedürfnisse Deines inneren Kindes befriedigst. Genau in diesen Situationen bist Du dazu angehalten, für es da zu sein und ihm die Aufmerksamkeit zu schenken, die es braucht.

Aber wie gehst Du nun damit um, wenn Du den starken Drang hast Dein Dual zu kontaktieren?

Stell Dir nur eine einzige Frage:
Warum will ich ihn/sie gerade kontaktieren? Schau hin!

Im Prinzip kannst Du Deine Dualseele IMMER kontaktieren.

NUR... SEI EHRLICH ZU DIR SELBST!

Meist kontaktierst Du ihn (oder gehst Du auf ihn zu), nicht weil Du ihn so liebst und ihm das sagen möchtest, sondern Deine Motivation ist Angst (Verlustangst), fehlendes Vertrauen und der Wunsch, dass er Dir diese Angst stillt. Du willst den Beweis, dass er noch da ist, dass er Dich noch liebt. Doch da Dein Dual Dir nichts geben kann, was Du nicht in Dir trägst, wird ein weiteres Schweigen oder eine weitere Zurückweisung folgen.

Die Gefühle, die in Dir hochkommen, wenn er schweigt, sind jedoch ein wichtiger Hinweis in Dir, wo die Blockade liegt.

Fühlst Du Dich wie ein kleines Kind, dass von seinem Vater zurückgewiesen wird?

Merkst Du, dass Du den Glaubenssatz in Dir trägst: „Ich bin nicht liebenswert" oder „Ich habe seine Liebe nicht verdient"?

- Lass auch hier die Gefühle zu (wie wir das in unseren vorhergehenden Mails bereits durchgegangen sind).

- Nimm alle Ängste in Dir an und erkenne, wo Deine inneren Wunden liegen. Lass auch Deine Wut zu, Deine Hilflosigkeit. Denn diese will geheilt werden.

Mit der Zeit wirst Du immer ruhiger, was den Kontakt mit/zu Deinem Dual betrifft. Denn es kommt der Punkt, an dem Deine Ängste Dich innerlich nicht mehr kontrollieren und Du Dich und Deine Muster immer schneller durchschaust.

Meist taucht Dein Dual immer wieder in Deinem Leben auf, um Dich zu testen, wie weit Du noch bereit bist, aus Ängsten zu handeln und wie weit Du dich für ihn noch von Dir selbst entfernst.

Wenn Dein Dual plötzlich den Kontakt aufnimmt

Hast Du Deine Kontaktversuche eingestellt und begonnen, die Verantwortung bei Dir zu sehen und rechnest nicht mehr damit von deinem Dual kontaktiert zu werden, bekommst Du plötzlich aus dem Nichts einen Anruf, eine SMS oder er steht sogar vor der Tür.

In diesen Momenten wirst Du besonders stark getestet. Schaffst Du es auch hier, bei Dir zu bleiben?

Sei hier vorsichtig und selbstreflektiert.

Da auch Dein Dual mit seinen Verlustängsten kämpft und oft nur die alte Situation wiederherstellen will (Er möchte herausfinden, ob Du ihn noch liebst und noch zu haben bist.), wird er versuchen, Dich wieder in Dein altes Angstmuster zu bringen. Bleibst Du stark und reflektiert, wird er unsicher werden, aber voraussichtlich schnell wieder die Bildfläche verlassen, um eventuell in Dir nochmals Verlustangst auszulösen.

Lass Dich bitte auch nicht auf Sex mit ihm ein, denn auch das kann eine Falle sein, in die viele Dualseelenklärer tappen. Die sexuelle Anziehung zwischen euch ist stark und die Verzweiflung und die Müdigkeit, nach der langen Zeit der Klärung Deiner Gefühle, können Dich schwach machen und Kurzschluss-reaktionen auslösen - egal wie weit Du schon bei Dir selbst angekommen bist.

Denke langfristig!

Du verdienst mehr als nur eine Sex-Nacht mit dem Mann, den Du liebst.

Wenn Du an Dir selbst bemerkst, dass seine Spielchen bei Dir nichts mehr auslösen und Du ihm auch klar sagen kannst, dass Du dieses Spiel so nicht mehr mitspielst, dann ist der große Moment gekommen, wo Dein Herz offenbleibt, weil keine Ängste oder Wut es verschließen. Du merkst, wie dein Dual vielleicht noch aus Ängsten handelt, Du aber selbst ruhig dastehen kannst.

Dein Herz ist der Parameter für Deine Veränderung: Hast Du Deine Ängste bewältigt, kannst Du ihm mit offenem Herzen gegenübertreten, ohne sein oft beleidigendes Verhalten persönlich zu nehmen.

Das Ziel

Wenn Du an diesem Punkt angekommen bist, hast Du Dein persönliches Ziel erreicht. Du liebst ihn, aber kannst bei Dir bleiben. Meist stellst Du Dir zu diesem Zeitpunkt kaum noch die Frage, ob Du Dein Dual kontaktieren sollst. Entstehen Kontaktmomente zwischen Euch, bist Du in der Lage, ihm liebevoll Deine Meinung zu sagen. Nichts an seinem Verhalten macht Dir noch Angst. Du vertraust Dir selbst und glaubst daran, dass am Ende dieser Geschichte, Du das bekommen wirst, was Du Dir gewünscht hast. Eine Beziehung, die liebevoll, aber mittig auf Augenhöhe gelebt werden kann. Zu diesem Zeitpunkt ist es Dir (auch wenn Du Dir das vielleicht jetzt noch nicht vorstellen kannst) beinahe egal, ob nun Dein Dual diese Partnerrolle übernehmen wird, oder ob es ein anderer wundervoller Partner sein wird. Dein Fokus ist komplett auf Dir und Deinem Leben. Die Verzweiflung ist verschwunden, Du genießt Dein Leben wieder und hast Dein Herz offen für einen Mann, der bereit ist, Dir im Herzen entgegenzutreten. Nach all der Entwicklung merkst Du nun schon sehr schnell, ob ein Mann beginnt, Spielchen mit Dir zu spielen oder ob jemand aufrichtig im Herzen auf Dich zugeht und es ernst mit Dir und Deinem Herz meint.

Hast Du die Kontakt-Teufelsspirale verstanden und begonnen, Dich selbst bei Kontaktversuchen zu hinterfragen und Dich um Deine dahinterliegenden Gefühle gekümmert, dann...

… wird Dein Dual Dich möglicherweise testen und Du wirst beginnen, die Spielchen zwischen Euch immer schneller zu erkennen.

… wirst Du kaum mehr den Wunsch verspüren, ihn zu kontaktieren, weil Du erkannt hast, dass, nur so, auch Dein Dual in Ruhe in seine Aufgaben gehen kann. Die Bestätigung von seiner Seite ist für Dich nicht mehr entscheidend.

Du siehst, wie wichtig es auch beim Kontakt mit dem Dual ist, die Eigenverantwortung zu übernehmen und diese Schritte, sowohl für Dich selbst als auch für eure Dualseelenklärung, sind. Bleib dran!

Kapitel 7 – Andere Partner während der Dualseelenklärung

» Dein Partner ist immer Dein Spiegel. Nichts, was Du nicht in Dir trägst, wirst Du in einem anderen finden.«

Unbekannt

Nachdem wir im letzten Kapiel Dein Kontaktverhalten mit Deinem Dual und die Mechanismen dahinter durchleuchtet haben, hast Du bereits folgendes gelernt:

- wie Du den Kontakt-Teufelskreis mit Deinem Dual durchschaust und unterbrichst.

- wie Du Deine eigenen kindlichen Manipulationsmuster im Kontakt mit Deinem Dual erkennst.

- wie Du auch im Kontakt mit Deinem Dual Eigenverantwortung für Deine Gefühle übernimmst.

- wie Du auch mit Kontaktversuchen Deines Duals gelassener umgehst.

In Kapitel 7 möchten wir uns einem Thema widmen, zu dem bei Dualseelenklärern unzählige Fragen und Unsicherheiten auftauchen:

- **Darf ich einen anderen Partner während der Dualseelenklärung haben?**

- **Wie gehe ich damit um, wenn ich mich plötzlich zu einem anderen Partner hingezogen fühle?**

- **Warum hat mein Dual eine andere Partnerin?**

- **Darf ich den Wunsch nach körperlicher Nähe auch mit anderen Partnern ausleben?**

Wir möchten Dir hier unsere Sichtweise darstellen und Dir eine Hilfestellung anbieten, wie Du damit umgehen kannst:

Wer seine Dualseele getroffen hat, weiss wie es ist, jemanden gefunden zu haben, bei dem das Herz zu 100% **JA** sagt. Es gibt für Dich keine Fragen mehr, Du hast den Menschen getroffen, der zu Dir gehört - Deine zweite Hälfte, Deinen Wunsch-Partner, Dein zweites ICH. Doch wenn ihr euch begegnet, kann es sein, dass eure Ausgangssituation schwierig ist. Ihr beide oder zumindest einer der Partner steckt oft in einer festen Beziehung oder Ehe. Das muss nicht bei jedem so sein, aber meist ist es so, da genau da eine Lernaufgabe steckt: Sich aus gewohnten Beziehungskonzepten und gesellschaftlichen Rollenmustern herauszulösen.

Im Laufe der Klärung ändert sich dann oft der Beziehungsstatus. Je nachdem, an welcher Stelle Lernaufgaben gelöst werden sollen. Zusätzlich erschweren Dir das ständige Rückzugs-verhalten oder die Verletzungen Deines Duals oft Deine Entscheidungen. Du weißt nicht mehr, was Du in Punkto Partnerschaft nun genau entscheiden sollst. Es kann auch sein, dass Dein Dual immer wieder zu seiner Ehefrau zurückkehrt oder plötzlich eine Affäre oder Beziehung mit jemand Anderem beginnt. Du möchtest die Beziehung zu ihm aufgrund des ständigen Hin- und Her am liebsten beenden, aber liebst ihn und möchtest auch und unbedingt mit ihm zusammen sein. Doch Du kannst Dich weder für ihn entscheiden, noch gegen ihn. Die ganzen Unsicherheiten und das Chaos, das nach eurer Begegnung auftritt, machen Dir eine klare Sicht anfangs schwer.

Wie gehst Du mit dieser Situation um?

Wenn Dir einmal Deine grundlegende Situation in einer Dualseelenklärung bewusst ist und Du erkennst, dass hinter diesem Prozess Deine eigenen Lernaufgaben und das Auflösen Deiner Ängste liegen, kannst Du mit ein bisschen Feingefühl bald erkennen, wie Du die Vorgehensweise findest, die für Dich richtig ist bzw. erkennen, was Dir Dein Dual sagen will, wenn er gerade eine andere Partnerin hat.

Nach dem Zusammentreffen mit Deinem Dual ist es schwierig, weiterhin eine andere Beziehung zu leben, wie wir sie bisher gekannt haben. Jeder andere Mann wirkt dagegen sehr blass und die starke Anziehung, die wir mit unserem Dual erlebt haben, lässt es unmöglich erscheinen, überhaupt noch an einen anderen Mann zu denken.

Doch wenn Du nun beginnst, Deine Lernaufgaben zu machen - Du lässt los, kümmerst Dich um Dein eigenes Leben und Deine Selbstliebe, beginnst zu hinterfragen, was Dein Dual da eigentlich mit Dir macht – kommst Du zu dem Punkt, an dem Du Dich fragst, warum Du den nicht nach all der Arbeit an Dir selbst, einen liebevollen Partner an Deiner Seite verdient hast. Denn oft hast Du das Gefühl, dass Dein Dual jede Art von Weiterentwicklung verweigert. Und manchmal begegnest Du auch unerwartet, einem neuen möglichen Partner, mit dem Du gar nicht gerechnet hast.

Zur Lebensfreude gehört für Dich vielleicht, dass Du Dein Leben mit einem Partner teilen darfst. Jemand, der mit Dir Dinge unternimmt, der abends mit Dir auf dem Sofa kuschelt, der Dich unterstützt und Dir guttut. Nach all dem Heilungsprozess und dem Aufbau Deines Selbstwertes, hast Du es verdient, die Nummer 1 von jemand Anderem zu sein, der Dir das auch zeigt. Auf Deinen Dual zu warten kommt immer einer Stagnation gleich.

Daher: Erlaube Dir auch Dein Herz für einen anderen Mann zu öffnen, wenn Dein Dual für den Moment den Entschluss gefasst hat, dass er an keiner Beziehung mit Dir interessiert ist. Schließlich sollst Du ja erwartungsfrei Deinen Dual loslassen und glücklich sein.

Es kann aber auch sein, dass Du eine ganz andere Haltung zu diesem Thema hast. Du entscheidest Dich bewusst dafür, den Weg alleine zu gehen und konzentrierst Dich ausschließlich auf Deinen Prozess.

Es ist Deine Entscheidung! Hör dabei einfach auf Dein Herz!

Wie orientierst Du Dich?

Das wichtigste Entscheidungskriterium, wie Du mit Partnerschaften in der Dualseelenklärung umgehen solltest, ist, wie Du Dich dabei fühlst. Wenn Du Anziehung zu einem Mann verspürst und merkst, dass Du den Wunsch hast, dich darauf einzulassen, dann ermutigen wir Dich, dies zuzulassen.

DENN: Manchmal ist es sinnvoll, einen Partner in sein Leben zu lassen, mit dem Du weiter lernen und reifen kannst. Wir brauchen das DU, um uns selbst erkennen und heilen zu können. Gewisse Lernschritte können wir besser im Alleinsein vollziehen, andere aber nur mit einem Partner. Der neue Lernpartner wird Dir Themen widerspiegeln, die auch Deine Dualseele Dir gezeigt hat. Sehr oft zeigt sich dann auch Dein altes Muster - ein Partner kommt, zeigt sich sehr liebevoll, alles ist wundervoll - und nach ein paar Wochen zieht er sich zurück. Genauso wie Deine Dualseele das getan hat. Dies ist sinnvoll - denn nur, wenn Dir diese Beziehungsmuster bewusst werden, kannst Du aktiv etwas daran verändern.

Lernpartner helfen Dir, Deine Muster zu erkennen. Sie übernehmen die Spiegelfunktion, wenn Dein Dual gerade nicht bereit ist, das für Dich zu tun.

Hier die Beispiele an Lernpartnern, die auftreten können:

Der Anhängliche

Er taucht meistens auf, um Dir zu zeigen wie es ist, wenn jemand Dir permanent hinterherläuft und Dich ständig mit seiner Liebe überfordert. Er ist meist das Gegenteil von deinem Dual und Dir selbst sehr ähnlich. Ein Herzmensch, der Liebe gibt und fordert und dabei ständig über seine Grenzen geht. Du erkennst an ihm meistens Dein eigenes Verhalten wieder und merkst wie unangenehm es ist, wenn jemand sich selbst nicht liebt und dafür ständig Liebe von anderen einfordert oder in Selbstmitleid versinkt, wenn er diese nicht bekommt. Diese Erfahrung ist oft wichtig. Denn wenn Du sie selbst am eigenen Leib erfährst, erkennst Du, was Du selbst deinem Dual „angetan hast". Dieser Partner will dir helfen, Dich selbst im Spiegel zu sehen und Dein Verhalten zu hinterfragen. Wenn du Deine Lernaufgabe erkannt hast und Grenzen setzt, verschwindet er meist aus Deinem Leben.

Der Dual-Ähnliche

Wenn du Schwierigkeiten hast, Deine Lernaufgaben bei Deinem Dual umzusetzen, taucht meistens ein Mann auf, der ähnliche Verhaltensweisen wie er hat. Es fällt Dir manchmal sogar leichter die Aufgaben umzusetzen, weil die Liebe nicht so groß ist wie bei Deinem Dual. Du bekommst durch ihn einen Einblick in die Welt Deines Duals und wirst getestet, wie weit Du schon bereit bist, Deine Lernaufgaben umzusetzen. Grenzen setzen, bei Dir bleiben, klar kommunizieren und aufkommende Ängste zu bearbeiten. Oft erkennst Du sehr rasch, dass diese Beziehung nicht dieselben Gefühle hervorruft, wie die zu Deinem Dual.

ABER: Nimm die Lernaufgabe an und wenn du diese beendet hast, wird dieser Mann aus Deinem Leben gehen und nicht wiederkehren.

Partner am Ende der Klärung

Hier berichten wir aus unserer eigenen Erfahrung. Am Ende der Klärung bist Du schon sehr bei Dir selbst angekommen. Du liebst dich selbst, setzt gesunde Grenzen, hast wenig Ängste und wieder Spaß in Deinem „aufgeräumten“ Leben. Und obwohl Du die Liebe zu Deinem Dual noch fühlst, benötigst Du eigentlich keinen Partner mehr. Aber der Wunsch ist dennoch da.

Zu diesem Zeitpunkt steht es Dir frei, zu wählen. Gehst du den Weg alleine zu Ende oder wählst Du auch hier noch einen Partner, der dir Liebe, Nähe und Geborgenheit gibt. Denn am Ende Deiner Lernaufgaben, hat nur noch ein Mann in Deinem Leben Platz, der Dir guttut und Dich liebevoll und mit Respekt behandelt. Er hilft Dir beim Loslassen und bringt dich in die Lebensfreude. Achte auch hier darauf, ob Dir noch kleine Lernaufgaben gespiegelt werden.

Von hier an, darfst Du genießen. Mit dem Mann, der nun in Dein Leben tritt, fühlst Du meist ebenfalls eine Verbindung, die aber auf sehr konstruktiv-heilsame Weise vermittelt, dass Seelenliebe nicht unerfüllt bleiben muss. Er wird Dein Dual nicht ersetzen können, jedoch gibt er Dir Mut, dass auch ein glückliches Leben ohne Deinen Dual möglich ist.

Also: Beobachte einfach, welche Partner Du in Dein Leben ziehst und was Du von ihnen lernen kannst.

Partnerinnen bei Deinem Dual

Wenn Dein Dual verheiratet ist, wird er höchstwahrscheinlich wieder in seine Ehe flüchten, nachdem ihm die Begegnung mit Dir beginnt Angst zu machen. Oder er wird plötzlich eine neue Freundin haben, die er vielleicht sogar sehr öffentlich darstellt. Oder er trifft sich mit vielen Frauen. Egal was er tut, die Frage ist: Wie gehst Du mit dieser Situation um?

Hast Du erstmal Deine Ängste analysiert und sie bereits zum Teil bearbeitet, erkennst Du, dass Du Dein Dual zwar liebst, Dir sein Verhalten aber so nicht guttut und Du mehr als das Spiel aus Nähe und Distanz verdient hast (Dein Selbstwert lässt selbstschädigendes Verhalten nicht mehr zu.). Nun beginnt sich die Situation zu wandeln. Denn wenn Du Deine Lernaufgaben tatsächlich erledigst, wird

Dein Dual nach kurzer Zeit Deine Weiterentwicklung spüren und unruhig in seiner derzeitigen Beziehung werden. Er wird beginnen, Dich und Deine Wärme zu vermissen. Wichtig ist es, in dieser Situation Vertrauen aufzubauen und ihn loszulassen. Wir wissen, wie schwer diese Aufgabe manchmal sein kann, aber erst wenn Du diese löst, kann sich eure Verbindung weiterentwickeln.

Auch wenn Du es ungern hörst: Dein Dual braucht andere Frauen. Denn nur so erkennt er, dass sie nicht sind wie Du. Nur der Vergleich, macht ihn sicher.

Übung - Die Lernaufgabe – Ängste auflösen

Schau Dir genau an, was das Verhalten Deines Duals in Dir auslöst und welche Ängste du fühlst. Sei ehrlich zu Dir selbst!

- **Hast du Angst davor, dass Dich eine andere Frau wirklich ersetzen kann?**

- **Hast Du Angst, dass Du nicht gut genug für ihn bist?**

- **Hast du Angst, ihn zu verlieren?**

Schreib Deine Ängste auf und stell Dich ihnen!
Fühle sie, nimm sie an und Du wirst sehen: hörst Du auf, diese zu verdrängen, beruhigen sich diese. Nach einiger Zeit kannst Du wieder klar auf die Gesamtsituation blicken.

Hast Du verstanden, welche Bedeutung andere Partner während der Klärung bei Dir und Deinem Dual haben, dann...

... wirst Du schneller erkennen, welche Ängste Du noch in Dir trägst und wirst beginnen, sie aufzulösen.

... wirst Du mögliche Partner als Spiegeln annehmen und auch mit ihnen lernen können.

... wirst Du erkennen, dass das Leben Dir und Deinem Dual immer die richtige Situation gibt, um zu lernen, zu wachsen und eure Entwicklung als oberstes Ziel sehen.

KAPITEL 8 – ÄNGSTE UND UNERWÜNSCHT EMOTIONEN AUFLÖSEN

» Mut ist nicht, keine Angst zu haben, sondern die eigene Angst zu überwinden. «

Unbekannt

Im vergangenen Kapitel hast Du bereits begonnen, Dich mit Deinen Ängsten zu beschäftigen und diese zu bearbeiten am Thema „Andere Partner im Laufe der Dualseelen-Klärung".

Du hast erfahren, ...

... welche Männer Dir auf dem Weg zu Deinem Dual begegnen und welche Rollen die verschiedenen Partner in Deinem Leben spielen können.

... dass es wichtig ist, auf Dein Herz zu hören und so zu entscheiden, ob es für Dich richtig ist einem anderen Partner einen Platz in Deinem Leben zu geben, während Du an Deiner Selbstliebe und Eigenverantwortung arbeitest.

... dass es Möglichkeiten gibt, Deine Ängste zu überwinden und Du hast bereits erste Schritte in diese Richtung gemacht.

Du hast in den vergangenen Kapiteln bereits sehr viel über die Beziehung zwischen Dir und Deiner Dualseele erfahren. Trotzdem wollen wir nochmal darauf eingehen, was diese Verbindung so besonders macht, da sich daraus vieles erklärt, was Du während Deiner Dualseelenklärung durchmachst.

Wenn Du erstmals auf Deine Dualseele triffst, ist es wie Magie. Dieser eine Mensch löst in Dir Emotionen aus, die Du noch nie zuvor empfunden hast. Du fühlst Dich angenommen, hast das Gefühl ihn schon ewig zu kennen. Du hast das Gefühl, dass Du tief in seine Seele blicken kannst. Bis zu dem Zeitpunkt, indem das aufreibende Spiel aus Nähe und Distanz beginnt. Die bis jetzt so wundervollen, einzigartigen Gefühle der Verbundenheit werden plötzlich abgelöst von Unsicherheit, Angst und Verzweiflung.

Warum ist das so?

Meist treffen im Zuge der Dualseelenklärung ein Kopf - und ein Herzmensch aufeinander. Zwei sehr verschiedene Menschen, die ihr Leben völlig anders wahrnehmen und bestreiten.

Der Herzmensch möchte seine Liebe leben, wünscht sich Verbundenheit und Nähe. Oft sieht der Herzmensch seine Hauptaufgabe darin, andere glücklich zu machen, lebt in starker Verbundenheit mit seiner Familie und seinen Freunden und bezieht seine Lebensenergie aus der Gemeinschaft, aus dem Zusammensein mit den Menschen, die ihm nahe sind. Seinen Lebenssinn bezieht er oft aus der Beziehung zu seinen Liebsten.

Anders beim Kopfmenschen: Er hat oft gelernt, alleine zurechtzukommen und Probleme und Herausforderungen in seinem Leben mit sich alleine zu regeln. Das, was der Herzmensch zum emotionalen Überleben braucht, ist für den Kopfmenschen ungewohnt und befremdlich. Treffen die Duale nun aufeinander, öffnet sich für beide eine Tür in eine ganz neue Welt. Das, was sich zu Beginn so wundervoll vertraut, aufregend und nach purer Liebe anfühlte, wird zur größten Herausforderung.

Mit zunehmender Nähe und Vertrautheit beginnt sich plötzlich Unbehagen im Kopfmenschen bemerkbar zu machen. Diese wird immer stärker und mündet in starke Angst, je inniger die Verbundenheit wird. Er, der bis jetzt stets in der Eigenverantwortung gelebt und alles unter Kontrolle hatte, wird durch die Liebe vom und zum Dual aus seiner Komfortzone geschleudert. Er empfindet Dinge, die neu für ihn sind. Er liebt Dich, ganz bestimmt. Aber seine Gefühle machen ihm große Angst.

Während ein Herzmensch in dieser Situation die Nähe zu einer geliebten oder vertrauten Person suchen wird, um mit ihr darüber zu sprechen, geht ein Kopfmensch den gegengesetzten Weg. Er distanziert sich, in dem Glauben, so wieder die Kontrolle über eine Situation zurückzuerlangen. Im ersten Moment scheint es auch so, als würde es ihm gelingen. Er befindet sich wieder in seiner Komfortzone, er kann kontrollieren. Die Ängste verschwinden. Die Welt scheint wieder in Ordnung.

Und hier beginnt der Teufelskreis.

Hat sich der Kopfmensch erstmal, die für ihn notwendige Distanz geschaffen, beginnt es im Herzmenschen zu brodeln. Er versteht nicht, wieso sich der Dual plötzlich entfernt. Alles war doch bis jetzt perfekt.

Kennt man die Hintergründe nicht, die den Kopfmenschen dazu bewegen, scheint sein Handeln sehr eigenartig.

Genau hier beginnt nun für den Herzmenschen zum ersten Mal die Angst und der Schmerz. Alles was er möchte, ist es, seinem Dual wieder nahe zu sein. Er möchte, dass alles wieder so wunderschön wird wie bisher. Aber egal was er tut, es scheint immer schlimmer zu werden.

Viele Fragen tauchen in seinem Kopf auf:

- **Bin ich schuld, dass mein Dual sich so verhält?**
- **Was habe ich falsch gemacht?**

- **Was kann ich tun, damit alles wieder so wird wie es war?**

Der Herzmensch beginnt nun, seine immensen Ängste zu stillen, indem er auf jede erdenkliche Weise versucht, seinem Dual wieder näher zu kommen. Er schreibt, ruft an, versucht ihn zu unterstützen, versucht mit ihm über die veränderte Situation zu sprechen. Egal was er tut, keine Besserung der Situation tritt ein. Ganz im Gegenteil!

An dieser Stelle ist es wichtig, sich eines klarzumachen: Es liegt nicht an Dir, dass Dein Dual sich zurückzieht. Der Grund liegt in seiner Kindheit. Vermutlich hat er die Erfahrung gemacht, dass es wehtut, andere an sich heran zu lassen. Möglicherweise konnten seine Bezugspersonen ihm nicht das geben, was er gebraucht hätte. Und deshalb hat sich sein inneres Kind irgendwann dazu entscheiden, dass es genug ist, dass es nicht mehr verletzt werden möchte. Es hat eine Mauer um sich herum errichtet, um nicht mehr spüren zu müssen und begonnen, sich alles mit sich selbst auszumachen, alle Probleme alleine zu lösen. Und dann, nach Jahrzehnten des emotionalen Alleinseins trittst Du, sein Dual, in sein Leben und wirfst sein gesamtes Kopfkonzept durcheinander, das ihn sein Leben lang vor Verletzungen geschützt hat.

Nun könnte man sagen, dass Du sehr wohl die Schuld an seinem Verhalten trägst. Aber Du bist nicht schuld, sondern nur der Auslöser.

Er hat sich Dich herbeigesehnt, um endlich aus seinem Kopfgefängnis ausbrechen zu können. Dies aber nur **UNTERBEWUSST!**

Was bräuchte Dein Dual an dieser Stelle von Dir?

Deine Herzlichkeit und Dein Wunsch nach Nähe machen Deinem Dual große Angst. Er fühlt sich wie ein kleines Kind und läuft davon. Da sich hier sein inneres Kind zu Wort meldet, ist es ihm nicht möglich, zu artikulieren, was er brauchen würde.

Deshalb hier unsere Erklärung dazu:

Er bräuchte einen Menschen, der stabil neben ihm steht und ihm in jedem Moment die Sicherheit gibt, dass er Halt findet und dies bedingungslos- egal wie er sich verhält. Im Grunde genommen möchte er sich öffnen, seine Angst vor Verletzung steht ihm jedoch im Weg.

Würdest Du stabil an seiner Seite bleiben, seinen Rückzug akzeptieren und nichts von ihm fordern, würde er wieder aus seinem Schneckenhaus herauskommen. Das ist Dir jedoch aufgrund Deiner eigenen Ängste, die auch in Deiner Kindheit ihren Ursprung haben, nicht möglich.

Wir müssen nun gemeinsam einen Weg finden, wie Du bei einem Rückzug angstfrei dastehen kannst, ohne Dich selbst zu verlieren. Wir müssen etwas gegen Deine Ängste tun.

Wie kann das funktionieren?

All dieses Wissen im Kopf lässt Deine Ängste, die aufkommen, wenn Dein Dual sich wieder auf Rückzug begibt, bestimmt nicht verschwinden. Da aber gewisse Dinge nur über den Kopf anzunehmen sind, ist es wichtig, zu allererst alles logisch zu begreifen.

Was kannst Du nun tun, wenn Dein Dual wieder auf Rückzug geht und sich Deine Ängste zu Wort melden?

Eines ist klar: Du kannst momentan nichts tun, das ihn wieder zu Dir zurückbringt. Er möchte alleine sein. Lass ihn das tun.

Geh zu Dir zurück und geh dem auf den Grund, was sich gerade in Dir tut.

Immer wenn Du wieder Ängste verspürst, denke an die Dinge, die Du bereits in den vergangenen Wochen gelernt hast.

SPIEGELGESETZE:

„Alles, was Dich am Anderen stört, aufregt oder in Wut

geraten lässt, hast Du in Dir und hat etwas mit Dir zu tun."

Dies gilt besonders in der Beziehung zu Deinem Dual. Alle Ängste, die er bei Dir auslöst, haben viel mit Dir selbst zu tun.

Hast Du zum Beispiel Angst, dass er eine andere Frau Dir vorzieht, solltest Du zu Dir zurückgehen und Dir anschauen, wie Du an Deiner Selbstliebe/Deinem Selbstwert arbeiten und sie/ihn verbessern kannst.

Hast Du das Gefühl, dass er Dir nicht genug Zeit oder Wertschätzung entgegenbringt, solltest Du mehr darauf achten, Dir selbst mehr Wert zuzugestehen.

Je mehr Du Dich den Spiegelgesetzen widmest und ergründest, woher Deine Ängste kommen, wenn Dein Dual wieder auf Rückzug geht, desto besser kannst Du sie bearbeiten.

SELBSTLIEBE:
Je wichtiger Du Dir selbst bist, und je mehr Du daran arbeitest, Dich auf das, was Dich glücklich macht zu besinnen, desto stabiler wirst Du auch im Umgang mit Deinem Dual agieren. Es ist dann schön, dass er da ist, aber nicht mehr überlebenswichtig. Deine Ängste werden dadurch geringer.

DEINE ÄNGSTE ZULASSEN UND SPÜREN

Eines der wichtigsten Dinge ist es, Deine Ängste nicht zu unterdrücken.

Denn: Jede Angst hat eine Botschaft für Dich inne. Betrachte jede Deiner Ängste einzeln. Fühle sie durch. Denn nur wenn Du sie annimmst, kann sie sich auch für immer verabschieden. Ist es die Angst vorm Alleine sein, davor ersetzt zu werden, es nicht wert sein, geliebt zu werden? Das sind einige der Hauptängste die Herzmenschen in einer Dualseelen- Klärung das Leben schwermachen. All diese Ängste kommen, genauso wie beim Dual, von Deinem inneren Kind.

Hast Du Deine Ängste erkannt, sie näher definiert, ist es Zeit, die Arbeit mit dem inneren Kind wiederaufzunehmen. Umarme es, hab es lieb und gib ihm das, was es von seinen Bezugspersonen nie bekommen hat. Lade es ein, in Deinem Herz ein Zuhause zu finden. Und dann erkläre Dir selbst, dass Du nun erwachsen bist und selbst dafür sorgen kannst, dass es Dir gut geht. Tust Du das, sind Deine Bezugspersonen von früher nicht mehr in der Lage, Dir Schmerz und Unsicherheit zu bescheren.

Es geht in der Dualseelen-Klärung darum, den Teufelskreis aufzulösen, der sich immer wieder zwischen Dir und ihm einschleicht- seine Angst, vor Verletzung durch Dich, vor der er sich durch seinen Rückzug zu schützen versucht, und Deine Angst davor, nicht geliebt und verlassen zu werden.

Mit jedem Spiegel, den Du auflöst, mit jeder Angst, die Du bewältigst wird es Dir besser möglich sein, bei einem Rückzug Deines Duals stabiler dazustehen. Dadurch wird er sich sicherer fühlen und irgendwann nicht mehr das Bedürfnis haben davonzulaufen, aus Angst von Dir verletzt zu werden.

ÜBUNGEN:

Du bist ein Mensch der sein Leben im Herzen lebt. Das ist wunderschön, kann aber manchmal auch sehr wehtun, wenn es Dir nicht gelingt, in manchen Situationen den Kopf miteinzubeziehen.

Gerade in der Dualseelenklärung ist es aber manchmal unerlässlich, manches aus der Metaebene zu betrachten, um Dich nicht in Deinen Emotionen zu verlieren. Deshalb versuchen wir es diese Woche auch mit ein wenig Kopfarbeit.

Geht Dein Dual wieder auf Distanz versuche folgendes Schritte zu gehen:

SCHRITT 1: Rufe Dir ins Gedächtnis, was ihn dazu bewegt, sich so zu verhalten. Sein kleines, inneres Kind hat zu diesem Zeitpunkt, die Kontrolle über ihn übernommen. Deine Nähe macht ihm Angst und er flüchtet.

Was würdest Du tun, um dieses Kind zu beruhigen, ihm die Angst zu nehmen?

Versuche gedanklich in Liebe bei ihm zu bleiben und Dich in dieses kleine Kind hineinzuversetzen.

Was braucht es von Dir?

Rede im Geist (nicht auf der realen Ebene) mit ihm. Sag ihm, dass er bestimmt furchtbare Erfahrungen gemacht haben muss, die ihn dazu gebracht haben, keine Nähe zulassen zu können. Versuche das alles in Liebe und bedingungslos zu tun, indem Du versucht, in die Metaebene zu gehen und einfach für ihn da zu sein.

Vermutlich hast Du Dich in der Dualseelenklärung meist als schwächeren und machtlosen Part empfunden, der nichts tun kann, um die Situation zu verbessern. Ein Mensch, der sich entzieht und Dir eine Mauer aufstellt, ist für Dich emotional nicht erreichbar. Das macht ihn in Deinen Augen stark. Indem Du ihn als kleines Kind siehst, relativierst Du seine Position. Das mildert Deine Ängste und stellt die Balance in der Wertigkeit zwischen Euch wieder her. Jeder hat seine Ängste, niemand ist immer stark. Keiner ist der Stärkere! Es ist nur Dein subjektives Empfinden.

Wenn Du erkannt hast, dass der Rückzug Deines Duals nicht aus mangelnder Liebe zu Dir passiert, sondern aus der Angst heraus verletzt zu werden, ist es Dir wieder möglich, ihn nicht auf einem Podest zu sehen, sondern zu erkennen, dass er auch Angst hat und schwach ist.

SCHRITT 2: Nun, da Du Dein Dual besser verstehen kannst, kehre zu Dir selbst zurück und mache das Gleiche mit Dir selbst. Befindet er sich auf Rückzug, solltest Du im ersten Schritt Deine Emotionen (Deine nach außen getragenen Gefühle) beruhigen, indem Du Dein kleines Kind in den Arm nimmst und es tröstest. Sag ihm das, was es gerade braucht. Fühlt es sich im Stich gelassen, zeig ihm, dass es in Dir nun immer jemanden hat, der ihm zur Seite steht. Hat es Angst, dass der Mensch, den es glaubt am meisten zu lieben, nicht mehr zurückkommt, hilf ihm zu verstehen, dass es in der Lage ist, sich selbst das zu geben, was es braucht um glücklich zu sein.

SCHRITT 3: Sind die ersten, starken Emotionen beruhigt, begib Dich, mit all den Werkzeugen, die Du in den vergangenen Wochen erhalten hast, auf Spurensuche nach der Wurzel Deiner Ängste und Sorgen. Spüre Sie. Hast Du dies genügend getan, werden Sie weniger werden und irgendwann ganz verschwinden.

Hast Du begonnen Dich Deinen Ängsten zu stellen und sie aufzulösen...

... wirst Du bei einem Rückzug Deines Duals immer weniger Ängste empfinden.

... wirst Du nicht mehr versuchen, Deinen Dual davon zu überzeugen, bei Dir zu bleiben, sondern ihm seinen Freiraum lassen und Dich zeitnah wieder Dir selbst und Deinem Leben widmen können.

... wird Dein Dual nicht mehr ein so intensives Bedürfnis haben, auf Rückzug zu gehen und bei aufkommenden Ängsten auch ab und an das Gespräch mit Dir zu suchen.

KAPITEL 9 – GEFÜHLSÜBERTRAGUNGEN UND ABGRENZUNG

» Die Fähigkeit, das Wort „NEIN“ auszusprechen, ist der erste Schritt zur Freiheit. «

Nicolas Chamfort

In der vergangenen Lernwoche haben wir mit Dir eines der entscheidendsten Themen in der Dualseelenklärung nochmals genau durchgenommen, Ängste und unerwünschte Emotionen aufzulösen. In welcher Form sie Dir auch immer mit Deinem Dual begegnen, sie sind eure größten Blockaden.

In letzten Kapitel hast Du gelernt,

- wie Du die Ängste Deines Duals und Dir besser verstehen kannst

- wie Du mit dem Verständnis für eurer beider Ängste, diese schneller erkennst und damit umgehst

- dass Dein Dual Deine Stabilität benötigt, um sich seinen Ängsten stellen zu können

- wie Du mit Spiegelgesetz, Arbeit am inneren Kind und auch Gesprächen mit deinem Dual auf Seelenebene, Schritt für Schritt die Angstschleifen zwischen euch auflöst.

Nachdem Du diesen entscheidenden Schritt nun gegangen bist und Dich tapfer Deinen Ängsten stellst, möchten wir uns in diesem Kapitel einer weiteren Hürde auf diesem Weg widmen:

Gefühlsübertragungen zwischen Dir und Deinem Dual und wie Du damit umgehst.

Eine der größten Prüfungen in der Dualseelen-Beziehung sind zusätzlich zu all den eigenen Gefühlen, die bei Dir durch den Klärungsprozess an die Oberfläche kommen, die Gefühlsübertragungen Deines Gefühlsklärers. Sie melden sich bei Dir in den oft unpassendsten Situationen. Innerhalb von Minuten fühlst Du starke Sehnsucht, Trauer, Schmerz, Angst oder Wut.

Anfangs hast Du oft das Gefühl völlig den Verstand zu verlieren, weil die Emotionen nicht zu Deiner eigenen Situation passen und Dein Verstand oft nicht weiss, wie er das alles zuordnensoll, was Dich da überschwemmt. Viele Loslasser schwelgen oft wochenlang in diesen Gefühlen und leiden stark darunter. Das muss aber nicht sein, wenn Du die Lernaufgaben dahinter verstehst und umsetzt.

Wie erkenne ich Gefühlsübertragungen?

Wie Du aus Erfahrung weißt, hast Du während des Tages auch viele eigene Gefühle. Einmal bist du nervös, weil Du einen wichtigen Termin vor Dir hast oder Du bist traurig, weil Du eine traurige Nachricht erhalten hast oder Du hast Angst, weil Du abends alleine durch eine dunkle Straße gehst. Das sind Deine eigenen gewohnten Gefühle, die Du Dir auch fast immer erklären kannst.

Dann gibt es noch die Gefühle, die die ganze Dualseelenklärung in Dir hochbringt: Ängste, Verletzungen Deines inneren Kindes und Sehnsucht nach Deinem Dual. Das kann zusammen schon manchmal ziemlich viel sein in Deinem Alltag.

Und dann gibt es die Momente, wo Dich von einer auf die andere Minute plötzlich eine schwere Panik überkommt oder Du schwere Sehnsucht bekommst, die Dich fast im Kreis rennen lässt. Oft ist es eine starke Schwere oder Du fühlst plötzliche starke Wut in Dir hochkommen, die Du Dir nicht erklären kannst. Das sind die Übertragungen Deines Duals.

Es dauert oft sehr lange bis man seine eigenen von den Gefühlen des Duals unterscheiden kann. Anfangs bewegt man sich in einer Suppe von undefinierbaren Gefühlen und weiss gar nicht mehr, ob dieser Horror jemals aufhört.

Man fühlt sich wie ein Opfer. Da wir aber auch hier lernen sollen, die Opferrolle abzulegen, braucht es Deine Disziplin, die Gefühle zu unterscheiden, sie eventuell als Information annehmen zu lernen und sie dem Dual zurückzugeben.

Wie Du bereits weißt, sitzen Dein Dual und Du quasi in einer energetischen Kugel zusammen. Und diese Kugel ist anfangs so gar nicht im Gleichgewicht. Bei jeder Gelegenheit schiebt er seine unerwünschten Emotionen und Gefühle einfach zu Dir herüber. Du bist der Teil eurer Verbindung, der Gefühle zulassen kann und kaum Grenzen setzt, daher nimmst Du diese Übertragungen bereitwillig an und fühlst sie für ihn. Er wird dadurch quasi verschont und muss sich seinem Inneren nicht stellen.

An der Oberfläche siehst Du ihn daher weiter munter mit seinem Leben weitermachen und durch den ständigen Fokus auf ihn, hat er auch genug Kraft Dir diese Emotionen weiter aufzuladen. Beginnst Du nun aber Dich Deinen Lernaufgaben zu stellen, arbeitest Du an Deiner Selbstliebe und kümmerst Dich mehr um Dich selbst, löst Deine Ängste auf und wirst stärker, beginnt sich die Balance in eurer Kugel zu verändern. Du siehst es nicht mehr ein, Dir Energie rauben und unerwünschte Gefühle aufdrücken lassen. Und hier zeigt sich Deine Lernaufgabe:

Gesunde Grenzen setzen

Ein Mensch der sich selbst liebt, setzt Grenzen, wenn jemand in seinem Umfeld beginnt ihn auszunützen oder respektlos zu behandeln. Ein „Nein“ von Dir, lässt andere Menschen klar erkennen, wo Dir etwas zu viel wird. Und Dein Dual kommt endlich mehr in seine Aufgabe, selbst seine Gefühle stärker wahrzunehmen und sich ihnen zu stellen.

Bedenke: Er weiss nicht bewusst, dass Du das alles mitfühlen kannst. Er hilft Dir hier in Deine Lernaufgabe. Denn auch Dein gesamtes Umfeld braucht diese Grenzen von Dir. Deine Eltern, Deine Kollegen, Deine Freunde. Auch hier sollst Du lernen „Nein“ zu sagen, wenn sich etwas für Dich nicht gut anfühlt bzw. Du merkst, dass eine Person Deine persönlichen Grenzen überschreitet.

Definiere Deine Grenzen

Um Deine eigenen Grenzen zu setzen, musst Du sie für Dich manchmal auch erst definieren. Lerne zu erkennen, was Dir gut tut und was nicht. Suche nach Situationen in Deinem Leben, wo Du Deine Grenzen überschreitest.

Gibt es Energievampire in Deinem Leben?
Schaffst Du es liebevoll aber ohne schlechtes Gewissen „Nein“ zu sagen, wenn Du etwas nicht möchtest?

Setze in dieser Woche verstärkt das Augenmerk auf Deine Abgrenzung!

ÜBUNG 1: Gesunde Grenzen setzen

1) Frage Dich

- **Wo in meinem Leben überschreite ich meine Grenzen immer wieder?**

- **Wie fühlt es sich an, wenn jemand meine Grenzen überschreitet?**

- **Warum lasse ich das zu?**

- **Macht es mir Angst, Grenzen zu setzen? Und wovor habe ich Angst?**

Nimm Dir eine spezielle Situation oder Person aus Deinem Leben her, bei der Du Schwierigkeiten hast, Grenzen zu setzen und erkenne Deine eigenen Ängste und Muster dahinter.

Mache Dir Notizen und versuche die Situation dann zu ändern.

Bedenke immer: Auch Grenzen kann man liebevoll setzen und kommunizieren!

ÜBUNG 2: Gefühlsübertragungen des Duals

Wenn Du das nächste Mal bemerkst, dass Du die Gefühle Deiner Dualseele übertragen bekommst, beginne ein deutliches „Nein" dazu zu sagen. Stelle Dir einen energetischen Schutz z.B. einen Lichtkegel oder einen Spiegel um Dich vor, der alle Emotionen, die nicht Deine eigenen sind, wegblendet. Sei konsequent! Wenn nötig, schrei das „Nein“ auch einfach mal laut aus Dir heraus (am besten, wenn Du alleine bist ;-)

Üb das in dieser Woche ebenfalls konsequent! Führ eventuell auch ein Tagebuch, in dem Du Dir aufnotierst, wann und was Du gefühlt hast und welche Art der Abgrenzung, bei Dir am besten funktioniert hat.

ÜBUNG 3: Grenzen setzen live

Bitte eine Freundin oder Dir vertraute Person mit Dir folgende Übung zu machen:

Stell Dich hin und definiere für Dich wo Deine persönliche Grenze ist, die keener überschreiten darf, z.B. in einem Radius 50 cm um Dich herum. Die andere Person soll nun versuchen Deine Grenze zu überschreiten, indem sie auf Dich zukommt. Sag „Stop“ bevor sie in Deine persönliche Schutzzone eindringt. Diese Übung zeigt Dir sehr deutlich, wie stark Deine persönlichen Grenzen schon sind bzw. ob Du noch daran arbeiten solltest.

ÜBUNG 4: Setze Grenzen!

Nimm Dir 1-3 Situationen aus Deiner Übung 1 her und setze in dieser Woche sehr bewusst Grenzen in Deinem Umfeld! Trau Dich „Nein“ zu sagen. Du musst Dich nicht rechtfertigen für Dein „Nein“. Übe und beobachte Dich und Dein Umfeld dabei!

Hast Du verstanden, wann es sich um Gefühlsübertragungen Deines Duals handelt und begonnen gesunde Grenzen in Deinem Leben zu setzen, dann…

… bist Du in der Lage die Gefühlsübertragungen Deiner Dualseele zurückzuschicken und das Gefühl haben, dieser Situation nicht mehr so hilflos ausgeliefert zu sein.

… wirst Du Dich in Situationen, die Dir nicht gut tun, von anderen Personen abgrenzen und auch „Nein" sagen können.

… wird Dein Dual an Kraft verlieren und sich seinen Gefühlen selbst stellen müssen.

KAPITEL 10 – LOSLASSEN UND VERTRAUEN

» Wenn Du etwas liebst, lass es los. Kommt es zu Dir zurück, gehört es Dir für immer! «

Unbekannt

Nachdem Du Dich mit dem Kennenlernen Deiner eigenen Grenzen beschäftigt hast und im letzten Teil gelernt hast,

… wie Du Deine eigenen von den Gefühlen Deines Duals unterscheiden kannst, wie Du Gefühlsübertragungen erkennst und Dich davor schützen kannst,

… wie Du Deine eigenen Grenzen definierst und verteidigst,

… wie Du Dich in Situationen, die Dir nicht guttun, von anderen Personen abgrenzt und auch „Nein“ sagen kannst,

stehst Du mittlerweile sehr stark, reflektiert und eigenverantwortlich in Deinem Leben und bist für die herausfordernden Situationen in der Dualseelenklärung gerüstet.

An diesem Punkt hast Du Deine Situation mit Deinem Dual weitgehend verstanden und akzeptiert. Du widmest Dich Deinem eigenen Leben und blickst sehr bewusst auf Dich selbst, Dein Leben und Dein Umfeld. Vieles hat sich bereits begonnen zu verändern oder zumindest hast Du es geschafft, Dir eine andere Einstellung zum Thema Dualseele anzueignen.

Was Dein Dual oder Partnerschaft an sich betrifft, bist Du an dieser Stelle oft etwas ernüchtert. Du erwartest zwar nicht mehr viel von Deinem Dual, aber fragst Dich vielleicht, was Dich nun erwartet. Denn Du merkst, dass auch, wenn Du immer mehr bei Dir bleiben kannst und Erfüllung in Deinem eigenen Leben findest, in Deinem Kopf oft Fragezeichen auftauchen, ob denn Dein Dual nun wirklich zurückkehren wird oder ob Du Dir das alles nur eingebildet hast. Oft siehst Du auf seiner Seite, keine merklichen Veränderungen im Außen oder erfährst von ihm, dass es ihm gut zu gehen scheint.

Bedenke: Warten bedeutet in der Dualseelenklärung immer Stillstand! Du musst nun mental eine Lösung für Dich finden, wie Du Dein Dual loslassen kannst (ihn aus Deinem Erwartungsdruck zu entlassen) und gleichzeitig Vertrauen finden, dass Du alles in Deinem Leben bekommen wirst, was Du Dir immer gewünscht hast, auch in einer Partnerschaft.

Doch wie löst Du diese Lernaufgabe für Dich am besten?

Loslassen – Aber wie?
Das Wort Loslassen erzeugt bei vielen Dualseelenklärern meist nur noch Aggressionen, weil man es ständig als wichtige Lernaufgabe an den Kopf geworfen bekommt. Doch wenn es um das Dual geht, ist das einfacher gesagt als getan.

Was wird da eigentlich von Dir erwartet?

Du liebst diesen Menschen unheimlich, hast ihn permanent in Kopf, spürst ihn, sehnst Dich nach ihm und dann hörst Du von allen Seiten nur, dass Du Deine zweite Hälfte quasi gehen lassen sollst, obwohl das energetisch eigentlich sowieso nicht möglich ist.

Wie kannst Du nun mit dieser Situation umgehen und was bedeutet loslassen, denn nun genau im Bezug auf Deinen Dual?

Zuerst musst Du einmal verstehen, was mit Loslassen eigentlich gemeint ist. Es geht nicht um das Loslassen der Person, sondern um das Loslassen der festgefahrenen Situation zwischen euch beiden. Die Situation wird anfangs von eurer beider Ängste gesteuert. Vor Allem von Verlustangst. Wenn Du beginnst die Verlustangst ihn betreffend zu lösen, dann entspannt sich das Verhältnis zwischen euch beiden immer mehr. Du akzeptierst Deine Gefühle für ihn, aber beginnst die Situation nicht mehr kontrollieren zu wollen.

ACHTUNG: Du solltest aber immer genau Deine Motivation hinterfragen, ob Du wirklich loslässt. Das

„Loslassen, damit er kommt“, ist nämlich kein wirkliches Loslassen und bringt Dich nicht weiter. Du musst schon Loslassen und es für Dich selbst zu tun. Unabhängig davon wie eure Geschichte ausgeht. Sonst knüpfst Du wieder nur Erwartungen hintendran. Loslassen heißt Bedingungen abzulegen, Freiraum für die Entwicklung zu schaffen und Freiheiten zulassen. Du merkst es daran, dass Du Dein Dual betreffend immer ruhiger und gelassener wirst.

Der Schlüssel für das Loslassen: Vertrauen aufbauen

Vertrauen beginnt nicht auf der Seite Deines Duals, sondern bei dir. Der erste Schritt in die richtige Richtung ist dementsprechend der, Dir selbst das Vertrauen zu schenken, dass Du nun in der Lage bist, das zu tun was Dir selbst guttut, womit Du selbst zufrieden bist. Das Vertrauen, dass Du Deine Gefühle kennst und Dir Deine Bedürfnisse die daraus resultieren, selbst erfüllen kannst. Denn das wird kein anderer für Dich tun. Du bist dafür verantwortlich für Dich einzustehen und das auch auszustrahlen. Sorgst Du gut für Dich selbst und spürst in Dich hinein, was Du in jedem Moment brauchst, damit es Dir gutgeht, kommst Du irgendwann und vermutlich erstmals an einen Punkt, an dem Du plötzlich weißt, dass Du Dich auf Dich selbst verlassen kannst.

Der Erwachsene wird das kleine Kind in Dir nicht mehr im Stich lassen, er wird zu ihm stehen und es beschützen. Das kleine Kind wird dies bemerken und Schritt für Schritt ins Vertrauen gehen können. Das Vertrauen, das Du Dir immer so sehnlich von anderen gewünscht hast, wächst plötzlich in Dir selbst und Du beginnst Dich dadurch stark zu fühlen. Du hast erstmals tatsächliches ZUTRAUEN in Dich selbst. Dies gelingt dadurch, dass Du Deinen Selbstwert und Deine Selbstliebe gestärkt hast und viele Deiner Muster und Traumata aufgelöst hast. Sie blockieren Dich nicht mehr. Die Menschen in Deinem Umfeld können Dich nur noch bedingt ins Wanken bringen durch Ihren Rückzug, durch Manipulation oder verbale Attacken. Du kannst nun für Dich selbst unterscheiden, ob Dein Verhalten Deinen Werten entsprochen hat und Du für Dich selbst richtig gehandelt oder einen Fehler gemacht hast. Und kannst dementsprechend frei handeln und nicht die Bedürfnisse der anderen erfüllen, sondern Deine eigenen an erste Stelle setzen.

Dieses Zutrauen in Dich selbst bleibt von Deinem Umfeld nicht unbemerkt. Du wirst mit der Zeit bemerken, dass sich Menschen verändern und wirst Dich vielleicht fragen, wieso Dir plötzlich mehr Tiefe, mehr Respekt, mehr liebevolle Gesten gespiegelt werden. Es kann aber auch vorkommen, dass Dein Umfeld sich durch Deine Veränderungen bedroht fühlt, Du in ihnen Ängste auslöst und sie versuchen werden, Dich wieder in die Richtung zu biegen, wie sie Dich gewohnt waren. Das Zutrauen in Dich selbst, wird es möglich machen, das positive Feedback anzunehmen und die Veränderungsversuche zwar zu registrieren, aber bei Dir und weiterhin auf Deinem positiven Weg zu bleiben.

Sobald Du in Dich selbst Vertrauen gefasst hast, beginnst Du auch Deinem Dual anders gegenüberzutreten. Hat Dich bis jetzt sein Rückzug und sein Kontaktabbruch in die

Verzweiflung getrieben, kannst Du nun sein Verhalten relativieren. Bis jetzt war Dein Fokus auf Fragen wie:

Was habe ich falsch gemacht? Wo liegt mein Fehler? Was kann ich tun, damit es anders wird?

Fragen, auf die Du keine Antwort finden konntest und Dich so immer mehr von Dir selbst und dem Zutrauen in Dich selbst entfernt hast.

Nun hast Du Vertrauen in Deine Einzigartigkeit und in den Wert, davon was Du zu geben hast und kannst diese Fragen durch folgende Aussagen ersetzen.

„Ich habe mein Bestes und das was mir entspricht gegeben. Ich habe meinen Teil zum Gelingen dieser Beziehung getan und stehe jetzt stabil da und warte auf das, was auf mich zukommt. Den Menschen in meiner Umgebung kann ich bedingungslos entgegentreten. Auch wenn ich es im Moment noch nicht so empfinde, vertraue ich darauf, dass das was kommt das Beste für mich ist.“

Schaust Du mit dieser Einstellung in die Welt und trittst anderen Menschen gegenüber, wirst Du sehr bald große Veränderungen wahrnehmen.

ÜBUNG 1: Loslassen

Das Ziel dieser Übung ist es, Dich im ersten Schritt innerlich mehr und mehr zu öffnen. Das ist wichtig, um das negative Gefühl in Dir und die begleitenden Emotionen annehmen zu können. Denn nur was Du annimmst, kann sich den Weg durch Deinen Körper bahnen und ihn anschließend auch wieder verlassen. Deine inneren Barrieren können fallen und alles Negative was sich in Deinem Körper über die Jahre angestaut hat, darf gehen.

Wichtig ist es, während dieser Übung alle Gefühle anzunehmen, Dein Herz zu öffnen und alles da sein zu lassen. Sowohl die guten wie auch die schlechten Gefühle, Ängste, Zweifel usw.

Oft möchte Dein Kopf diesen Prozess boykottieren und Du spürst Widerstand durch Sätze wie:

„Ich will dieses Gefühl nicht spüren."
„Es ist nicht richtig, dieses Gefühl zu spüren."
„Ich muss mich von diesem Gefühl befreien – es ist ein schlechtes Gefühl."
„Ich will dieses Gefühl reparieren oder verändern."

Es ist wichtig, dass Du nicht versuchst, das Gefühl zu verändern, zu reparieren oder herunterzudrücken. Lass es einfach zu und nimm es an. Danach gehe die 3 Fragestellungen durch und wiederhole sie, solange bis das Gefühl aufgelöst ist.

1. **Schaffe ich es, das Gefühl anzunehmen?**

   Dein Dual ist beispielsweise wieder auf Rückzug und Dich überkommt das Gefühl der Machtlosigkeit. Sobald sich dieses einstellt, stelle Dir die Frage: Schaffe ich es, dieses Gefühl anzunehmen?

Fühl in Dich hinein, spür was in Dir vorgeht, nimm die entstandenen Gedanken in Dich auf. Es spielt keine Rolle was Dein Inneres Dir sagt- ob JA, NEIN oder vielleicht. Stell Dir nur diese Frage und finde Deine Antwort darauf. Dafür brauchst Du Dein Herz- und Dein Bauchgefühl.

Es gibt Dir Antworten auf die Fragen:
Kann ich das Gefühl annehmen?
Kann ich in diesem Moment, jetzt gerade, dieses Gefühl willkommen heißen und alle Erinnerungen, die damit verbunden sind?

2. **Kann ich alles, was mit dem Gefühl verbunden ist, annehmen?**

Nun fragst Du Dich, ob Du tatsächlich ALLES, was Du mit diesem Gefühl/Deiner Erinnerung/Deinen Gedanken verbindest, annehmen kannst.

Achte besonders auf die Impulse und inneren Zwänge, die Dich dazu verleiten wollen, das Gefühl irgendwie wegzudrücken oder abzuändern, damit es nicht so schlimm ist, was Du wahrnimmst.

Frage Dich: Kann ich meinen inneren Drang, dieses Gefühl NICHT fühlen zu wollen oder abzuändern auch annehmen? Lass diesen inneren Drang auch da sein.

3. **Kann ich es loslassen?**
   Dann frage Dich: Könnte ich all das jetzt loslassen?

   Wie gesagt, es spielt KEINE ROLLE wie Du innerlich darauf antwortest. Ob Ja oder Nein ist ganz egal. Antworte einfach nur innerlich darauf und lass die Antwort dabei von Deinem Herz und Deinem Bauch kommen...

   Sollte die Antwort JA sein, dann stell dir danach noch die Zusatzfrage „Wann? Wann könnte ich diese Sache loslassen?"

   Wenn die Antwort Nein lautet, kein Problem. Dann wiederhole die Fragen einfach wieder. Fang wieder bei Schritt 1 an, dann Schritt 2 und dann noch mal diesen Schritt.

   Mach das so lange, bis sich das Gefühl abgemindert oder am Schluss sogar ganz aufgelöst hat.

Und noch mal: Es spielt KEINE Rolle, was Du auf die einzelnen Fragen antwortest. Die Methode funktioniert so oder so, egal was Du antwortest.

Wichtig dabei ist nur, dass Du die Schritte wiederholst und Deine Antworten immer authentisch aus Deinem Bauch kommen lässt und nicht versuchst, in Deinem Kopf etwas zu basteln, weil das wahrscheinlich „die richtige Antwort" ist. Es gibt hier keine richtigen oder falschen Antworten. Dein Bauch macht automatisch das Richtige.

Gelingt es Dir, diese Übung regelmäßig durchzuführen, wirst Du immer weniger Ängste verspüren. Und ohne Ängste wirst Du immer freier in Deinen Gefühlen und Deinem Handeln werden. Du musst Dich nicht mehr um das kümmern, was andere von Dir erwarten, orientierst Dich nicht mehr an ihren Wünschen, sondern kannst Dich um Deine eigenen Gefühle und Bedürfnisse kümmern. Hier schließt sich der Kreis. Gehst Du durch den Loslass-Prozess entwickelst Du parallel dazu Vertrauen in Dich und das Leben. Dies hat wiederum großen Einfluss auf Deine Dualseelenklärung.

Hast Du verstanden, dass Du nur durch innerliches Loslassen und das Aufbauen von wahrem Vertrauen in das Leben zu einem Happy End in Deiner Dualseelenklärung kommst, dann...

... bist Du in der Lage, Dich den Fragen des Loslass-Prozesses zu stellen und diese auch offen und ehrlich zu beantworten.

... wird es Dir gelingen, immer mehr Deiner Ängste durchzufühlen und sie dann gehen zu lassen.

... wird Dein Dual Deine neue Lebenshaltung spüren, sich bei Dir sicher und geborgen fühlen und merken, dass Du keine großen Erwartungen mehr an ihn hast.

Kapitel 11 – DIE AUFLÖSUNG

» Am Ende wird alles gut! Wenn es nicht gut ist, ist es nicht das Ende. «

Oscar Wilde

Hinter Dir liegen 10 Kapitel und wichtige Lektionen für Deine Dualseelenklärung und Du bist mittlerweile sehr weit in Deinem Verständnis für Deine Dualseelen-Situation, Deine Lernaufgaben sowie deren Lösung.

In den letzten 10 Kapiteln hast Du mit uns gelernt,

- **wie du Deinen Dual als Deinen Spiegel betrachtest und von ihm lernen kannst.**

- **wie Du Deine Selbstliebe entwickelst und Deine Bedürfnisse kennenlernst und formulierst.**

- **wie Du mit Deinem „inneren Kind“ arbeitest, um Deine Themen aufzulösen.**

- **wie Du selbst zur großen Liebe Deines Lebens wirst und Dir Deine Wünsche selbst erfüllst.**

- **wie Du die Verantwortung für Dein Leben übernimmst, und die Opferrolle verlässt.**

- **wie Du Dich den größten Blockaden mit Deinem Dual stellst: Die Auflösung von Ängsten und unerwünschten Emotionen.**

- **wie Du mit Gefühlsübertragungen umgehst und lernst Dich abzugrenzen.**

- **wie Du mit anderen Partnern während Deiner Klärung umgehst.**

- **wie wichtig Deine Haltung beim Kontakt mit Deinem Dual ist.**

- **wie Du immer bedingungsloser Deinem Dual gegenüber wirst.**

- **wie Du es schaffst, loszulassen und schlussendlich das Vertrauen findest, um Deine Dualseelenklärung und den Lernaufgaben-Marathon erfolgreich zu Ende zu bringen.**

Sei stolz auf Dich, denn Du hast innerlich ein großes Stück Arbeit an Dir geleistet. Allein die vielen Erkenntnisse, die Du gewonnen hast, und Deine Bereitschaft die Eigenverantwortung für Deine Situation zu übernehmen, haben viel bewirkt.

Wenn sich in vielen Bereichen Deines Lebens immer mehr Gelassenheit zeigt und Du immer mehr in Deine Kraft und Lebensfreude findest, beginnst Du zu sehen, dass Dein Dual Dir geholfen hat, zu Deinem wahren Selbst zu finden. Deine Einstellung ihm gegenüber, wandelt sich mehr und mehr in bedingungslose Liebe. Du machst Dein Lebensglück nicht mehr davon abhängig, ob er nun als Dein Partner in Dein Leben zurückkehrt oder nicht. Vielleicht bist Du auch bereits in einer sehr erfüllenden Beziehung mit einem anderen Partner und vielleicht denkst Du ab und zu an ihn, aber die anfänglichen Schmerzen und die Sehnsucht haben sich weitgehend beruhigt. Du fühlst Dich immer mehr in Deiner Mitte.

Was passiert jetzt? Habe ich mir das alles nur eingebildet?

Da ab diesem Zeitpunkt alles sehr ruhig in Dir ist und Du wahrscheinlich wenig bis gar nichts mehr von Deinem Dual hörst oder fühlst, tritt in dieser finalen Phase oft eine gewisse Ernüchterung in Dir ein. Du blickst zurück auf die letzten Jahre und Deine Entwicklung und erwischt Dich öfters bei dem Gedanken, ob Du Dir diese intensive Verbindung mit Deinem Dual nur eingebildet hast. Was bleibt, sind oft viele Fragezeichen in Deinem Kopf. Allerdings wird auch das immer weniger, da Du zu beschäftigt bist, Dein neues Leben zu genießen und Deinen Fokus weitgehend auf Dir zu halten.

An diesem Punkt zeigt sich das Ende der Dualseelenklärung unserer Erfahrung mit zahlreichen

Dualseelenklärenden in verschiedenen Auflösungsvarianten.

Bedenke: Wahrheiten kann es viele geben. Jeder hat letztendlich seine eigene Wahrheit. Am Schluss Deiner Geschichte findest Du Deine eigene Wahrheit. Jeder hat seinen eigenen Seelenplan und sein persönliches Entwicklungsziel, dass Deiner Seele dient und das bereits vorbestimmt war. Würden wir dieses Entwicklungsziel allerdings schon am Anfang unserer Geschichte kennen, würde unsere Entwicklung davon zu sehr beeinflusst werden. In unserem Mail von letzter Woche hast Du bereits begonnen, loszulassen und Vertrauen in Dein persönliches Happy End zu gewinnen. Es ist eine der schwersten Aufgaben, den genauen Ausgang Deiner Geschichte noch nicht zu kennen und gleichzeitig, in Dir zu vertrauen, dass jetzt alles so kommt, wie es für Dich vorgesehen ist.

Doch: Wie solltest Du das lernen, wenn Du bereits genau wissen würdest, wie Deine Geschichte letztendlich ausgeht. Doch die Neugier und der Wunsch nach einem präzisen Endresultat liegt in der Natur von uns Menschen, besonders der unseres Verstandes. Er möchte gerne eine Garantie haben, dass alles genau so ausgeht, wie er es sich in seinem beschränkten Denkfeld vorgestellt hat. Doch, dass dies nicht der Plan der Seele ist, ist für ihn manchmal schwer zu greifen. Es geht um das Vertrauen, dass genau das passieren wird, was das Beste für die Seele ist. In dem Moment, in dem wir wieder nach einer Antwort oder einem Endzeitpunkt im Außen suchen, sind wir wieder nicht im Vertrauen und wieder nur auf der Suche nach

Bestätigung und Sicherheit. Denn zuerst muss im Inneren die Sicherheit hergestellt sein, um die Bestätigung dann auch im Außen zu bekommen.
Damit wir Dir hier nicht den Ausgang Deiner eigenen Geschichte vorwegnehmen, haben wir beschlossen, Dir die beiden möglichen Varianten, die Dich am Ende der Geschichte erwarten darzustellen. Denn wenn Dein großer Wunsch eine Partnerschaft auf Augenhöhe ist, in der Du weiterlernen darfst und Du alle Dualseelen-Aufgaben gelöst hast, wird das Universum Dir diesen Partner auch an die Seite stellen. In welcher Gestalt und auf welche Weise auch immer. Soviel trauen wir uns, Dir an dieser Stelle schon zu verraten ;-).

Variante 1: Er kehrt zurück

Wenn das Ziel Deiner Dualseelenklärung die Partnerschaft mit dem Mann ist, der zu Beginn mit Dir in diesen Lernaufgaben-Marathon gestartet ist, dann wird es zu diesem Zeitpunkt zwischen euch einen Wechsel geben. Vielleicht dauert es eine Weile, bis Du Zeichen im Außen bekommst, aber sie werden kommen. Entweder nimmt er wieder Kontakt auf, inszeniert zufällige Treffen oder erkundigt sich bei Freunden nach Dir. Und manchmal steht er ganz plötzlich vor Deiner Tür. Beobachte ganz ruhig, was er tut und ob es noch etwas in Dir auslöst. Wenn es Dein Dual wirklich ernst meint und bereit ist, wirst Du es ebenfalls sehr eindeutig erkennen. Er ist offen, spricht über Gefühle, der Kontakt fließt zwischen euch beiden und wird nicht abgebrochen. Beobachte auch hier Dich selbst, ob sein plötzliches Auf-Dich-Zugehen vielleicht Ängste in

Dir auslöst. Denn wenn sich die Situation umdreht, erkennst Du vielleicht, dass auch Du Angst vor dieser Nähe und Liebe in Dir trägst. Doch wie Du bereits weißt, sind auch das nur Ängste und wenn Du diese löst, wie Du es gelernt hast, dann stellt sich relativ schnell das Gleichgewicht zwischen euch wieder her.

Gebt euch Zeit! Aber seid stolz auf euch, dass ihr es geschafft habt, den Weg nun gemeinsam beschreiten zu dürfen. Eine gelebte Dualseelenliebe braucht ein bewusstes Reflektieren beider Seiten auch in der Beziehung. Euer Weg hört hier nicht auf, sondern hat eigentlich gerade erst angefangen. Es ist eines der größten Geschenke, die man als Mensch bekommen kann, weil ihr gemeinsam euer Potenzial entwickeln und ein Vorbild für viele in eurem Umfeld sein werdet.

Variante 2: Ein anderer Partner übernimmt die Rolle Deines Duals

In all den Jahren, in denen wir nun schon Dualseelen-Verbindungen beobachten, sind nicht alle „ursprünglichen" Dualseelenpaare zusammengekommen. Was auch für uns anfangs viele Fragezeichen aufgeworfen hat. Mit der Zeit aber, haben wir selbst begonnen zu verstehen, dass nicht alle vermeintlichen Dualseelenpartner auch wirklich die sind, die ihre Loslasser anfangs für diese gehalten haben. Da in Seelenverbindungen auch karmische Emotionen und andere Aufgaben hineinspielen, kann es am Ende der Dualseelen-klärung deswegen auch zu Überraschungen kommen. Nämlich, dass der Mann, der anfangs ohne

Zweifel für das Dual gehalten wurde, plötzlich verschwindet. Die Anziehung, die Gefühle, die Verbindung. Auch wenn dies für die Betroffenen oft ein ziemlicher Schock ist, klärt sich diese Situation im Nachhinein sehr klar auf. Der „falsche“ Dual hat der Loslasserin nur als Wegbereiter gedient, um die nötigen Themen aufzulösen, die sie dann natürlich nicht mehr mit ihrem echten Dual auflösen muss. Sie ist vorbereitet, wenn ihr echter Dual die Bühne betritt. Auch in diesem Fall löst sich die ganze Geschichte in Wohlgefallen auf und die Dualseelenliebe kann gelebt werden.

Welche Variante auch immer bei Dir im Endeffekt eintreten wird, es macht für Dich schlussendlich keinen wirklichen Unterschied. Auch wenn viele Loslasser anfangs nur Variante 1 akzeptieren können. Wichtig ist es, den Glauben nicht zu verlieren, dass für Dich alles am Ende Sinn machen wird.

Was uns noch sehr wichtig ist: in den vergangen 12 Wochen hast Du eine Dualseelenklärung im Schnelldurchlauf absolviert. Diese Reise sollte Dir die verschiedenen Aufgaben und Etappen im Zuge des Prozesses aufzeigen und Dir Werkzeuge in die Handgeben, die Dich dabei unterstützen, in Deiner Dualseelenklärung besser voranzukommen.

Normalerweise reichen diese 11 Wochen natürlich nicht aus, um diesen Prozess zu beenden. All die Dinge die Du begonnen hast zu bearbeiten, münden in tiefgreifende Veränderungen. Und diese brauchen Zeit um sich zu manifestieren. Dein gesamtes System ordnet sich nun neu. Bei uns hat diese Veränderung Jahre gedauert. Oft waren wir sehr ungeduldig und wollten alles beschleunigen.

Deshalb unser guter Tipp zum Schluss: Auch wenn Du am liebsten sofort eine glückliche Beziehung zu Deinem Dual leben möchtest, gib Dir ausreichend Zeit für diese Veränderungen. Nur wenn Du sie tatsächlich verinnerlicht hast, werden sie sich auch nachhaltig auf Deinen Prozess auswirken.

Sei geduldig und lieb zu Dir selbst. Hetze Dich nicht. Achte genau darauf, was Dir guttut und was Du brauchst. Auch wenn es etwas länger dauert.

In unserem letzten Kapitel möchten wir Dir noch eine letzte kleine Übung auf Deinen Weg mitgeben:

ÜBUNG: Blockierst Du noch Dein Happy End?

Wir wollen Dir noch vor Augen führen, ob in Dir weiterhin irgendwelche Blockaden zu finden sind, die Dein persönliches Happy End verhindern:

Spür in Dich hinein, wie weit Du in Dir schon das Vertrauen in „Alles wird gut!" gewonnen hast. Schließe Deine Augen und spüre, was es in Dir auslöst, wenn wir Dir sagen, dass Du eine wunderbare Liebe, Verbindung und Beziehung mit Deinem Dual leben wirst. Dass Du es verdienst nach all der harten Arbeit an Dir selbst, dass du das nun gemeinsam mit ihm leben darfst.

Hast Du noch Zweifel, Ängste, Gefühle wie fehlendes Vertrauen?

Schau hin, auch diese wollen nur liebevoll in Dir angenommen werden, um Dir nicht mehr im Weg zu stehen.

Hast Du die Übungen und Aufgaben der 11 Kapitel konsequent und mit Ehrlichkeit Dir selbst gegenüber erfüllt, dann....

... bist Du weitgehend in Deiner Mitte angekommen.

... vertraust Du Dir selbst und Deinem Weg

... weißt Du, dass Du das Leben dieser besonderen Liebe verdient hast

... wirst Du mit allen weiteren Herausforderungen auch in eurer Beziehung umgehen können

... wirst Du den „Tanz“, den ihr ab nun gemeinsam tanzen werdet und der euch immer wieder in eure eigene Balance bringt, tanzen können.

... wirst Du verstehen, warum all diese Lernaufgaben nötig waren, um Dich auf das Leben dieser besonderen Beziehung vorzubereiten.

ÜBER DIE AUTORINNEN

Nina Klee & **Linda Leeb**

sind den Dualseelenweg selbst 7 Jahre gegangen. Aus den eigenen Erfahrungen in dieser Zeit ist ein umfangreicher Guide entstanden, der anderen Hilfesuchenden, die sich gerade mitten im Prozess befinden, als eine Art Werkzeugkoffer dienen soll.

Den Autorinnen ist es sehr wichtig, den Lesern nicht nur einen theoretischen Hintergrund zum Thema

Dualseelenklärung zu geben, sondern ihnen in einem praktischen Begleitbuch realistische Schritte zu vermitteln, um im Prozess voranzukommen.

Nina und Linda begleiten neben dem Schreiben seit 5 Jahren Menschen mit ihren Erfahrungen auf diesem Gebiet. Sie halten Workshops zum Thema und beraten in ihren Praxen in Wien und Baden. (www.dualseele.co.at)

WORTE ZUM ABSCHLUSS

Wir freuen uns, dass Du dieses Stück DEINENS Weges mit uns gegangen bist. Falls Du Fragen, Anregungen oder Tipps zu unserem Buch hast, freuen wir uns auf Dein Feedback unter welcome@dualseele.co.at.

Schreib uns:

- Was waren Deine größten Herausforderungen?
- Was ist Dir leicht gefallen?
- Waren die Theorie und die Praxis verständlich und auch leicht umsetzbar?
- Was hättest Du Dir noch gewünscht?

Damit hilfst Du uns, uns weiter zu verbessern.
Vielen Dank im Voraus! ☺

Möchtest Du noch weiter an Deinem Dualseelenprozess arbeiten oder brauchst Du individuelle Unterstützung zu dem einen oder anderen Thema, dann findest Du alle weiteren Informationen zu unseren Beratungsangeboten auf unserer Homepage www.dualseele.co.at

Wir wünschen Dir von Herzen das Beste! ☺
Alles Liebe,
Nina und Linda

Impressum und Haftungsausschluss

Kontakt: Tina Jäger, Peter-Jordan-Straße 121/3/4 A-1180 Wien

Der Inhalt dieses Buches beruht auf der Erfahrung des Autors und soll nicht mit Medizinischer Hilfe Verwechselt werden.

Der Autor übernimmt keine juristische Verantwortung oder Haftung über das Nichterreichen der im Buch beschriebenen Ziele, entstandene Schäden, welche materieller, Ideeller sowie psychischer oder physischer Art durch die Nutzung oder Nichtnutzung der in dem Buch beschriebenen Informationen bzw. durch die Nutzung fehlerhafter und unvollständiger Informationen verursacht wurden.

Printed in Germany
by Amazon Distribution
GmbH, Leipzig

25082815R00080